Adolf Katsch

Vitibuck

3. Band

Adolf Katsch

Vitibuck
3. Band

ISBN/EAN: 9783744663021

Hergestellt in Europa, USA, Kanada, Australien, Japan

Cover: Foto ©ninafisch / pixelio.de

Weitere Bücher finden Sie auf **www.hansebooks.com**

Vitibuck.

Ein Roman

von

Adolph Katsch.

Zweite Ausgabe.

Dritter Band.

Leipzig.

Fr. Wilh. Grunow.

1868.

Inhalt.

Sechstes Kapitel.

Des Lebens ungemischte Freude
Ward keinem Irdischen zu Theil.

Am Ontario, einige Meilen oberhalb der Stelle, an welcher der St. Lorenzostrom aus demselben heraustritt, um sein mächtiges Gewässer dem Meere zuzuführen, wirft sich in fast kreisrunder Gestalt eine Halbinsel, la tête Indienne genannt, in die kristallenen Fluthen des Sees.

Kaum eine Viertelmeile breit, da wo sie von dem Festlande sich abzweigt, erweitert sich die anfangs schmale Landzunge dergestalt, daß sie endlich einen Rauminhalt von 10 bis 12 Quadratmeilen umfassen mag.

Der Verbindungstheil zwischen dem Festlande und dieser geräumigen Fläche ist ein Ausläufer, des von Westen nach Osten sich ziehenden Lorenzogebirges, der sich hier nach Süden hin abtrennt und schließlich in jene wellenförmige Hochebene ausbreitet, welche die gedachte Halbinsel ausmacht und etwa 300 Fuß über dem Wasserspiegel sich erhebt. Die Ufer fallen, mit Ausnahme einer einzigen schmalen Stelle an der südöstlichen Seite, ringsum steil in den See hinab. Hier aber buchtet sich das Wasser halbmondförmig, gegen einen flach verlaufenden Strand ziemlich tief ein, indem es einen kleinen natürlichen Hafen bildet.

Einige Rindencanoes, mehre kleine Segelböte und verschiedene größere Fahrzeuge mit abgerundeten Vorder und Hintertheilen und flachen Böden, mit einem hölzernen Aufbaue und einem Dache versehen, liegen in demselben wohlbefestigt hinter einem Pfahlwerke. Langsam und träge schaukeln sie auf und nieder an ihren Ketten in dem ruhigen Wasser, das nur von einem sanft rauschenden, den mählig sich senkenden Abhang hernieder eilenden Bache in lebhaftere Bewegung gesetzt wird, welcher seinen Zufluß aus einem, in der Mitte der Halbinsel liegenden See empfängt.

Die Höhen der Insel, gleich wie die Ufer des Sees, scheinen, so weit das Auge reicht, bedeckt

von den riesigen Laub= und Nadelkronen des
jungfräulichen Urwaldes. Daß aber la tête Indienne trotzdem bewohnt ist, zeigen nicht allein
die Fahrzeuge in seinem Hafen an, sondern auch
die leichten, blauen Rauchwölkchen, welche an ver=
schiedenen Stellen über den Wipfeln der Waldung
emporsteigen.

Auf dem Plateau des Berges über dem Hafen
erhebt sich ein Blockhaus, das seinen Raumver=
hältnissen nach, erhebliche Ansprüche auf Bedeut=
samkeit macht. Ein viereckiger Thurm, der in
der Mitte des Gebäudes über dem Dache empor=
steigt und zwei kleine metallene Schiffskanonen,
deren Mündungen trotzig zwischen den Schieß=
scharten seiner Brustwehr herausschauen, lassen
annehmen, daß die Bewohner des Hauses nicht
allein den Werken des Friedens sich hingeben, sondern
auch für die des Kampfes gerüstet sind. Zu bei=
den Seiten des Hauses schließen sich in geringem
Abstande die Viehställe und Wirthschaftsräume an.
Der Hof zwischen denselben läuft aus in einem
Garten, der nicht allein mit jungem Obstbäumen
in reicher Fülle besetzt ist, sondern auch in wohl=
geordneten Beeten eine Menge der schönsten Blu-

men trägt. Garten, Haus und Stallungen sind
ringsum eingezäunt mit einer Reihe starker Palli-
saden; der Garten vom Hofe durch eine zweite
Reihe nochmals abgeschlossen. Hinter dem Garten
schlängelt sich das vorerwähnte Bächlein durch
üppige Felder, welche bis an die Ufer des kleinen Sees reichend, diesen gänzlich umfassen. Hier
und dort aus den Feldern hervorragende, halb-
verkohlte Baumstümpfe erklären, auf welche Weise
der Wald urbar gemacht worden; zugleich aber
auch, daß seitdem manches Jahr bereits verstrichen.
Von dem Thurme aus gewahrt man in grö-
ßerem oder geringerem Abstande von dem Haupt-
gebäude, über die Halbinsel zerstreut, die Dächer
von etwa einem Dutzend anderer, wiewohl kleine-
rer Blockhäuser.

Die Halbinsel selbst nimmt ziemlich die Mitte
ein, in dem ausgedehnten Grundgebiete eines
französischen Edelmannes, welches ostwärts an
dem Ufer des Lorenzo beginnt und nach Westen
hin, weit an den Gestaden des Ontario hinauf-
reicht. Ein wahrhaft fürstliches Grundeigenthum
nach europäischen Bodenverhältnissen, befand es
sich schon seit einigen Generationen im Besitze

derselben Familie, ohne daß jemals einer der
Eigenthümer dasselbe eines Besuches gewürdigt
hätte. Die Fruchtbarkeit des Landes hatte im
Laufe der Jahre mehrere Colonisten veranlaßt,
sich ohne Wissen der Eigenthümer an verschiedenen
Orten anzusiedeln; jedesmal aber hatten die
Kämpfe mit den Eingeborenen die Eindringlinge
aufgerieben.

Männer, Weiber und Kinder waren dem
Tomahawk zum Opfer gefallen, ihre Scalpe
dorrten im Rauche ferner Wigwams, ihre Häuser
waren verbrannt, die Rodungen von dem frischen
Nachwuchse wieder überwuchert worden. Der
Schall der Axt war verstummt und das Schweigen der Wildniß hatte sich wieder gelagert über
dem Walde, in dem allein der rothe Jäger lautlosen Trittes dem Wilde nachjagte.

Was den gegenwärtigen Eigenthümer veranlaßt hatte, Europa zu verlassen und sich auf seinen
canadischen Besitzungen anzusiedeln, vermochte
Niemand zu sagen. Er war vor zwölf Jahren,
im Anfange des Frühjahrs plötzlich am Ontario erschienen und mochte damals ein Mann von einigen sechzig Jahren sein, von hoher aufrechter

Haltung, stattlicher Figur und majestätischem Wesen, dessen weißes Haupthaar den würdigen Eindruck seiner ganzen Persönlichkeit hob und verstärkte. Ihn begleitete eine junge Dame von wunderbarer Schönheit, aber so auffallender Blässe, daß ihr eigentlicher Name bald über dem Sobriquet: la rose blanche, der ihr von den Indianern beigelegt ward, vergessen wurde.

Es war seine Tochter Céleste.

Sein weiteres Gefolge bestand aus einigen weißen und indianischen Jägern, welche zugleich als Wegweiser und Dolmetscher dienten, einigen französischen Missionarien und einer Abtheilung Militärs, welche der Gouverneur von Montréal ihm als Schutzwache zur Verfügung gestellt hatte.

Er bereiste sein ganzes Gebiet und sein Zusammentreffen mit den Stämmen der Eingeborenen, war stets von dem glücklichsten und friedlichsten Erfolge begleitet.

Einerseits mochte hierzu die äußere Erscheinung seiner Tochter, wie seiner selbst nicht unwesentlich beigetragen haben; denn während den Indianern wohl kaum jemals eine andere europäische Tracht vor die Augen gekommen war, als diejenige der

weißen Fallensteller und Jäger, welche hin und
wieder sich in jene Gegenden verirrten, oder die=
jenige, welche die armen und rohen Colonisten
zur Schau hatten stellen können, welche nebst
Weibern und Kindern ihre unglücklichen Ansiede=
lungsversuche mit dem Leben gebüßt hatten; so
schimmerten dagegen die neuen Eindringlinge in
den reichen, goldgestickten Gewändern, deren
Luxus den Hofstaat Ludwigs XV. zum glänzendsten
und strahlendsten Europas machte; obschon auch
diese Kleidungsstücke sich in manchen Nebendingen
den Anforderungen des Waldlebens hatten anbe=
quemen müssen.

Die Schaustellung dieser Pracht war eine
höchst einsichtsvolle Maßregel. Sie lieferte den
Beweis dafür, daß der Marquis die allgemeine
menschliche Schwäche gar wohl begriffen hatte
und ganz genau wußte, daß eine prunkvolle
Außenseite nicht allein auf die Anschauungen einer
civilisirteren Menschenklasse bestechend einzuwirken
vermag, sondern noch bei weitem mehr die Vor=
stellungen des Naturmenschen, von der Wichtigkeit
des Geschmückten irre zu leiten und zu bestricken
geeignet ist. Die gerechteste Forderung wird bei

dem Bettler in geflicktem Kamisole, gar leicht als unverschämte Anmaßung zurückgewiesen, während gerade die unverschämte Anmaßung dem Manne in goldbordirtem Gewande, als gerechte Forderung, mit der höflichsten Unterwerfung zugestanden wird.

Andererseits trug das militärische Geleit nicht wenig dazu bei, dem „grand marquis", wie er seitdem genannt wurde, eine ausnahmsweise und erhabene Stellung anzuweisen und den Eingeborenen einen überaus hohen Begriff von dem Ansehen und der Macht ihres Besuchers beizubringen. Abgesehen von diesen Aeußerlichkeiten aber verstand es der Marquis, sich eben so sehr durch die Liebenswürdigkeit seines Benehmens, das er dem Begriffs- und Anschauungsvermögen seiner neuen Freunde mit der größten Umsicht anzupassen mußte, wie durch eine weise Freigebigkeit angenehm zu machen. Nach wenigen Wochen schon, hatte er mit den Häuptlingen sämmtlicher Stämme die Friedenspfeife geraucht und Verbindungen abgeschlossen, die ihm nach allen Seiten hin, für eine gesicherte Stellung Gewähr leisten konnten.

Noch im Laufe des nämlichen Jahres erschienen
auf la tête Indienne, woselbst der Marquis sich
nieder zu lassen beschlossen hatte, verschiedene
Colonistenfamilien nebst einer Anzahl Handwerker
und Bauleute aus Quebeck und Montréal, und
der Aufbau der Gebäude, wie die Urbar=
machung der Felder, wurde unverzüglich in An=
griff genommen.

Die umsichtigen Maßregeln, welche der Mar=
quis während dieser bewegten Zeit traf, verhin=
derten und beseitigten jeden Anlaß zu einer Frie=
densstörung und selbst nachdem die überflüssigen
Handwerker zurückgekehrt und auch das Militär
im folgenden Jahre entlassen war, hatte sich bis
zum gegenwärtigen Augenblicke hin, das fried=
fertigste Vernehmen zwischen den Einwanderern
und den Eingeborenen aufrecht erhalten. Ja es
waren sogar zwei neue kleine Ansiedelungen, die
eine dicht am Ausflusse des Lorenzo, die andere
fast an der oberen Grenze des Besitzthums am
Ontario entstanden, ohne daß dadurch der Freund=
schaftsverband mit den Rothhäuten gelockert wor=
den wäre.

Seit einiger Zeit jedoch war, ohne Verschul=

den der Coloniſten, dieſes gute Einvernehmen
zwiſchen beiden Theilen geſpannter geworden.

Fremde Fallenſteller und Jäger waren mehr
als früher erſchienen und ihr Zuſammenſtoß mit
den Indianern war leider nur zu oft von blutigen Folgen begleitet geweſen. Die Rohheit, mit
der dieſe geſetz- und zügelloſen Weißen auftraten;
die Uebermacht, die ihnen in den meiſten Fällen
ihre beſſere Bewaffnung ſelbſt gegen eine größere
Anzahl der Eingeborenen ſicherte, hatte die Letzteren
erbittert und ſelbſt gegen ihre friedfertigen Nach-
baren eingenommen, da dieſe der verhaßten weißen
Race angehörten. Ebenſo waren im Laufe der
Jahre mehrere der einflußreichſten älteren Häupt-
linge geſtorben; einige Stämme hatten ihre Wohn-
ſitze gewechſelt, andere waren an ihre Stelle ge-
treten und das Band, das Zeit und Gewohnheit
um die Anſiedler und ihre früheſten Freunde ge-
ſchlungen hatte, war ſomit lockerer geworden.
Das Schlimmſte aber war, daß ſeit einigen
Jahren wiederum Zwiſtigkeiten zwiſchen den Re-
gierungen von Frankreich und England ausge-
brochen waren und engliſche Emiſſäre die einzelnen Stämme durch Verſprechungen und Ge-

schenke, gegen Frankreichs Oberherrschaft, nicht
ohne günstigen Erfolg aufzuwiegeln versuchten.

Allerdings waren dagegen von französischer
Seite die gleichen Mittel gegen England aufge-
boten worden und verleitet durch Aufhetzereien
aller Art, in denen Waffenvertheilung und
Branntweinspendung die Hauptrolle übernehmen
mußten, war es sogar zwischen verschiedenen
Stämmen an der Grenze, zu gegenseitigen Kriegen
gekommen, in denen von englischer und französischer Seite, mehr oder minder offen für den
einen, oder den anderen Theil thätiger Antheil
genommen war.

Zwölf Jahre hatte die kleine Colonie auf la
tête Indienne im tiefsten Frieden gelebt, jetzt
aber ließen sich mancherlei Anzeichen nicht übersehen, welche zur äußersten Vorsicht aufforderten
und darauf hindeuteten, daß ein an sich vielleicht
ganz unbedeutender Anlaß, auch hier endlich zu
den unheilvollsten Zerwürfnissen den Anstoß geben
dürfte.

Das große Blockhaus, das Herrenhaus war
ein sehr geräumiges Gebäude, bei dessen Anlage
man darauf Rücksicht genommen hatte, daß es

nicht allein sämmtlichen Ansiedlern im Falle der
Noth Aufnahme gewähren, sondern auch eben so
wohl bei einem plötzlichen Angriffe, als bei einer
längeren Belagerung den nöthigen Widerstand
und Rückhalt bieten könnte. Es war im Grunde
genommen ein kleines Fort und aufgeführt nach
allen Regeln der Befestigungskunst. Es war umschlossen von einem Walle und einem breiten, mit
Wasser gefüllten Graben, der aus dem erwähnten
Bache gespeist wurde und nur auf einer einzigen
Zugbrücke überschritten werden konnte. In seinen
inneren Räumen enthielt das Gebäude verschiedene Brunnen, um im schlimmsten Falle jedem
Wassermangel vorzubeugen. Die bewohnten
Zimmer waren reich mit allen Bequemlichkeiten,
selbst des feineren Lebensgenusses versehen und
wer allein nach der inneren Einrichtung des
Hauses, ein Urtheil, über die Lage desselben hätte
abgeben sollen, würde schwerlich auf den Gedanken
gekommen sein, daß diese kostbaren Meubles,
dieses Clavier und diese Harfe, sich viele, viele Tage-
reisen fern von jeder europäischen Niederlassung, mitten
in dem dichtesten Urwalde am Ontario befänden.

Es war an einem Nachmittage des Spätsommers.

Unter dem leichten, mit wildem Weine über-
sponnenem Laubengange, der zu beiden Seiten
neben dem Eingange des Hauses angelegt worden
war, saßen der Hausherr, ein noch kräftiger Greis
von zweiundsiebenzig Jahren, neben ihm Céleste, seine
Tochter, jetzt eine Frau von vierunddreißig Jahren
und der Gatte derselben, in lebhaftem Gespräche
bei einander. Zwei Kinder, ein Knabe von zehn
und ein Mädchen von acht Jahren, tummelten sich
vor dem Hause in kindischem Spiele.

Es ist doch hart, sprach der Greis, indem er
ein Silberlöckchen, das das Spiel des Windes
gewesen, leise und bedächtig mit der Hand hinter
das Ohr zurückstrich, noch einmal wieder in das
Gewühl der Welt zurückkehren zu sollen. Der
Gedanke, hier an dieser Stelle, die ich dem Urwalde abgerungen, meine letzten Stunden in fried-
licher Ruhe zu verbringen, bis der Herr dereinst
mich abriefe, war mir süß und werth. Ich vermag mich noch gar nicht mit der Idee vertraut
zu machen, daß meine Gebeine an einem anderen
Platze ruhen sollen, als unter der riesigen Weiß-
tanne, unter welcher mein Haupt in jener ersten
Nacht gebettet war, welche ich hier in unserer

neuen Heimath verlebte. Gedenkst Du wohl noch
jener Nacht, Céleste, mein theures Kind? —

Wie sollte ich nicht, mein lieber, lieber Vater,
sagte das junge Weib. Ich erinnere mich jener
Nacht eben so wohl, wie all' der Zärtlichkeit, die
Du Deinem armen Kinde stets erwiesen. Hattest
Du denn nicht um meinetwillen Europa und das
Land Deiner Väter aufgegeben und verlassen? —
Hattest Du denn nicht, als eine rohe Männer-
faust das Herz Deiner Tochter schonungslos zermartert hatte und ihr Geist umdüstert war von
unaussprechlichem Jammer und trostloser Verzweiflung, Dein unglückliches Kind an Deine
starke Brust gezogen? Hattest Du nicht Dein
eigenes Wohl, Dein eigenes Glück, sammt allen
Deinen Wünschen und Hoffnungen geopfert, nur
um dem launenhaften Drange nachzugeben, der
sie trieb ihre unverdiente Schmach, ihre trostlose
Erniedrigung vor den Augen aller Welt, in der
einsamen Wüste, auf ewig zu verbergen? Nein,
mein theurer Vater, weder Deiner Liebe, noch
jener Nacht, die mich wieder zu mir selbst zurück-
führte, werde ich jemals vergessen!

Céleste schlang den Arm um des Vaters

Nacken, küßte zärtlich seinen Mund und während
der Greis sanft ihr Haupt an seine Brust zog
und leicht mit seiner Hand das dunkle Haar des
schönen Wesens streichelte, fuhr sie fort:

Nein, nein, ich habe nichts vergessen! —
Theilnahmslos gegen Alles, hatte ich damals mit
Dir Europa von einem Ende zum andern durch=
zogen; ungerührt von den Wundern und der
Herrlichkeit des Meeres den Ocean durchschifft;
gleichgültig den Boden Amerikas betreten; und
selbst die erhabenen Schönheiten, die fremdartigen
Erscheinungen, welche eine monatelange Wande=
rung durch dieses wunderbare Land vor unsern
Blicken entfaltete, hatten nicht vermocht meinen
gebeugten Geist aus seiner Stumpfheit aufzu=
rütteln, meine Gedanken aus ihrem Brüten zu
erwecken, oder die Kräfte meiner Seele zu neuer
Thätigkeit anzuspannen.

Dort drüben an jenem Ufer, grade dort, wo
die Felskuppe aus dem Schatten der dunkeln Ce=
dern als Vorgebirge in den See hinausspringt,
hattest Du zu Rath gesessen und die Friedens=
pfeife geraucht mit den Aeltesten der Nation,
während ich theilnahmlos unter den Weibern des

Stammes im Zelte saß. Endlich des Anstaunens
und Begaffens müde, war ich hinausgetreten vor
das Zelt und indem ich mein Auge lässig über
den See und diese Halbinsel schweifen ließ, fühlte
ich unwillkürlich mich angezogen von der Mäch-
tigkeit jenes Baumes, der einsam, hoch auf einer
Felsenplatte stehend, die Waldung weithin überragte. Ich weiß, daß nur eine Laune mich an-
reizte, Dir meinen Wunsch zu erkennen zu geben,
jene Stelle zu besuchen; aber ich weiß auch, daß
Deine Güte, wie immer, sich meiner Laune will-
fährig erzeigte und daß wir, eine Stunde später,
uns bereits auf dem Marsche dorthin befanden.
Kurz vor Sonnenuntergang kamen wir an bei
der einsamen Tanne. Hoch über dem Wipfel
derselben schwebte ein riesiger Adler, in weiten
Kreisen. Lieutenant Maugrabin, der Führer der
Mannschaft, zielte mit seiner Büchse nach demselben. Ich wehrte ihm und bat um das Leben
des Vogels, der mir ein glückverkündender Bote
zu sein schien. Und wahrlich, er war es! Unter
dem Schutze seiner Schwingen fand ich nicht allein
den Frieden meiner Seele, sondern auch das Glück
und ihn — den Mann meines Herzens.

Céleste streckte bei diesen Worten ihrem Gatten
freundlich die Hand entgegen, die dieser zärtlich
küßte und fest in der seinigen geschlossen hielt.
Dann fuhr sie fort:

Es wurde Nacht. Eine seltsame Aufregung,
zu der sich jedoch auch nicht der mindeste äußere
Grund geboten hatte, ließ mich in unserem La-
gerzelte nicht ruhen. Mein bis dahin umnachteter
Geist, begann endlich wieder seine Schwingen zu
regen. Gedanken auf Gedanken zogen gleich rei-
sigen Heerschaaren an meiner Seele vorüber. Leise
trat ich hinaus vor das Zelt. Leuchtend in seiner
vollen Klarheit stand der Mond am Himmel und
die Sterne funkelten in goldner Pracht. Stumm
und dunkel lag der Wald unter meinen Füßen,
aber seine Wipfel flüsterten heimlich im Nacht-
winde, leise sich wiegend und wispernd gegen einander sich neigend. In den bethauten Blättern
glänzte bebend das Licht des Mondes und der
zitternde Strahl der Sterne. Einem dunklen
Schatten gleich, zeichneten sich am fernen Hintergrunde, die Umrisse der baumbedeckten Höhenzüge
des festländischen Ufers ab, bis sie mit den Schatten der Nacht sich mischend, dem bewundernden

Auge entschwanden. — Dann fesselte ein leises
Rauschen mein Ohr. Das mußte der See sein,
dessen Wellen an den Fuß des vorspringenden
Felsens anschlugen. Von der Stelle, wo die Zelte
aufgeschlagen waren, konnte ich ihn nicht sehen.
Ich stieg höher hinan. Da plötzlich lag er vor
mir ausgebreitet, eine weite unabsehbare Fläche,
glatt wie ein Spiegel und glänzend im Wieder-
scheine des Mondes, der ein breites goldiges Band
über seine sanft bewegte zitternde Fluth warf.
Langsam zog Welle auf Welle schimmernd zum
Gestade und warf, abprallend wieder von dem
Ufer, ihren langen glänzenden Kamm, in tausend
kleinen, krausen, gebrochenen Wellenhügelchen auf
die nachfolgenden Wogen zurück, die dann zuckend
und zerspalten nach allen Richtungen hin, aus-
einander flirrten und flimmerten, und durcheinander
fluthend und wirbelnd, aufloderten im blendenden
Flammenblitze des Diamantes und funkelnder Ru-
bingluth. —

Dahinab schaute ich bis meine Augen geblendet
von dem verwirrenden, ewig wechselnden Glanze
sich schließen mußten; und vermochte doch nicht
mich loszureißen von dem Anblicke, der wie mit

magischer Gewalt, die zartesten Erinnerungen
aus einer glücklichen Zeit in mir wachrief. Ich
setzte mich nieder auf einer Klippe, die über den
See hinausragte und hing diesen Erinnerungen
nach.

Weithin jenseits des atlantischen Oceans, tief
in das Herz Europas hinein, trugen mich die
Träume meiner Seele. Der Felsblock auf dem
ich saß, ward mir zum leichtbeschwingten Boote.
Der unabsehbare, einsam wilde Ontario, auf den
ich hinausblickte, verwandelte sich in den freundlich belebten, ringsum auf seinen lieblichen Höhen
mit Städten und Städtchen, Dörfern, Villen und
Häusern dicht besetzten Züricher See. Der Mond
lag über ihm, die Wellen belebend und verklärend,
wie hier; und mir zur Seite saß Er, mein junger,
schöner, reichbegabter Gatte. Seit kaum vierzehn
Tagen war ich ihm vermählt. Langsam im Tact-
schlage der Ruder, glitt das Boot über den leuch-
tenden Wasserspiegel und mild kühlte die Nachtluft meine glühende Wange. Mein Haupt aber
lag an seiner Brust, denn sein Arm hielt mich
fest umschlungen und sein Mund flüsterte mir
Worte heißer Liebe und Versicherungen unwan-

2*

delbaren Glückes in das willig lauschende, ent=
zückte Ohr.

Flüchtig wie die Wellen unter dem Kiele des
Bootes, glitten die Tage des Glückes noch einmal
wiederum an mir vorüber; und wie jegliche Welle
mit leisem Klopfen am Buge sich ankündet zum
freundlichen Gruße, so pochte die Erinnerung jedes
einzelnen Tages meiner kurzen, jugendlichen Se=
ligkeit an mein Gedächtniß. Ach, es waren ihrer
so wenige gewesen, daß der Kreislauf zweier
Jahre sie alle umfassen konnte! — —

Dann aber kam plötzlich, jäh, unerwartet,
entsetzlich der schreckliche Tag, der mich hinab=
schleuderte in den bodenlosen Abgrund der Ver=
zweiflung; der mein Herz mit Galle und Bitter=
keit füllte; der meine Liebe in Verachtung, meine
Zärtlichkeit in Haß und Zorn verwandelte; der
statt der Milde und Vergebung, die Worte des
Fluches und der Verdammniß auf meine Zunge
legte. Der Schlag, der damals mich getroffen,
hatte mich zerschmettert und vernichtet.

Jetzt vermochte ich zum Erstenmale wieder meine
zerstreuten, wildflatternden Gedanken zu verbinden
und zu verknüpfen. Ich war im Stande den Ursachen

nachzugehen, und die Thatsachen gegen einander
abzuwägen, und mit einander zu vergleichen, die
den jammervollen Einsturz des Tempels meiner
irdischen Glückseligkeit herbeigeführt hatten. Ich
fing an zu begreifen, daß die Schuld daran, lediglich nur der unheilvollen Aufregung des Augen-
blickes beizumessen sei. Nicht sein Herz, nur seine
Schwäche hatte uns in den Abgrund gestürzt.

Schwäche allein war es, die den leidenschaft-
lich bewegten jungen Mann nicht Herr seiner Erregung werden ließ. Trotz vielleicht und falsche
Schaam, die ihn hinderten an der Umkehr auf
dem abschüssigen Pfade. War denn aber dieser
Trotz, war denn aber diese falsche Schaam wiederum etwas Anderes, als die beklagenswertheste
und dennoch verzeihliche Schwäche und Gebrechlichkeit der menschlichen Natur? — Diese Schwäche
einer einzigen Stunde hatte er reumüthig gebüßt
mit dem kostbarsten, was das Leben bietet, mit
dem Leben selbst! — War aber diese schreckliche Buße
nicht selbst wiederum der Ausfluß der beklagens-
werthesten Schwäche? — —

Sinnend blickte ich hinaus über die glitzernden
Wogen des mondbeschienenen Sees. Das sanft

daherströmende Licht auf seinen blauen Wellen
übte einen wunderbar wehmüthigen und besänfti-
genden Einfluß auf meinen Geist. Es stimmte
mich milder und milder gegen den Dahingeschie-
denen und leitete mich unbemerkt auf die Prüfung
meines eigenen Verhaltens.

War es an **mir** gewesen, den Stein auf ihn
zu werfen? — Hatte **ich** mich stark, würdig, edel,
gefaßt im Unglücke genommen? — Nein, o nein! —
Weder meinen Geist, noch meinen Körper hatte
ich aufrecht zu erhalten vermocht in der Stunde
der Prüfung. Hingebend, weich, gefühlvoll, hatte
ich die Jahre des Glückes durchschwelgt an seiner
Seite; — hart, grausam, kalt und verdammend
mich abgewandt von ihm, im Tode. In wahn-
witziger Wuth hattte ich mich empört gegen mein
Geschick und anstatt die letzte Bitte des Scheiden-
den, die Bitte um Vergebung zu erfüllen, hatte
ch den Fluch ihm nachgeschleudert in die kühle
Gruft. Das stille Haus des ewigen Friedens
hatte ich entweiht, mit den Schrecknissen des Hasses
und der Rache. — — Das war meine Stärke gewesen, gegenüber seiner Schwäche! — Ich schauderte
vor mir selbst und meines Herzens Härtigkeit zurück.

Ich erhob mich von meinem Sitze und warf mich nieder auf meine Knie:

Führe uns nicht in Versuchung, o Herr, sondern erlöse uns von dem Uebel, und vergieb uns unsere Schuld, gleich wie wir vergeben unsern Schuldigern! Das waren die ersten Worte, die ich in tiefer, demuthsvoller Zerknirschung durch die schweigende Nacht hinauf sandte zu dem Throne des allmächtigen Schöpfers, Himmels und der Erde.

Unter mir rauschte mit goldschimmernder Welle der See und die Wipfel des Waldes mit dem dunklen Blättermeere, so traut und friedlich, als ob ihre Stimmen sich einigten mit der meinen, in bewegter Bitte; und hoch über mir funkelten die Sterne in ihrem Glanze und der Mond leuchtete mit so mildem Scheine, als wollten sie den Frieden des Himmels hernieder tauchen lassen, in die Finsterniß meiner Brust. —

Meine Augen füllten sich mit den heißen Thränen aufrichtiger Reue, meine Arme breiteten sich aus in sehnendem Verlangen und flehend rief ich: Armand, o Armand! — Vergieb mir meine Schuld, wie ich die Deine Dir vergebe, aus vollem, ganzem Herzen!

Meine Worte gingen unter in dem Schluch=
zen der tiefsten Rührung und Wehmuth. Ueber=
wältigt von meinen Gefühlen sank ich nieder und
mein Antlitz in den Händen bergend, weinte ich,
wie ich nimmer geweint, bis ein kräftiger Arm
mich liebevoll emporhob und die Widerstandslose
an die Brust zog, eine treue Hand auf mein
Haupt sich legte und eine tiefbewegte Stimme
zu mir, sprach:

Gott segne Dich, Céleste, meine liebe, meine
theure Tochter! Du hast einen langen, einen
schweren Kampf gekämpft. Der Kampf ist aus,
der Sieg ist Dein! Von Neuem bist Du mir
wiedergeschenkt, mein gutes, liebes Kind; mir, dem
Leben, der Gesundheit und dem Glücke! —

Du warst es, mein guter Vater, der also zu
mir sprach und das war die erste Nacht, die Du
unter der einsamen Tanne verbrachtest! — Du
aber durchschlummertest sie nicht, sondern Du
durchwachtest sie, wie manche voraufgegangene, in
bangen Sorgen um Dein armes, krankes Kind!
Könnte ich sie je vergessen, diese Nacht? —

Gott sei Dank, es war die letzte, sprach der
Greis gerührt, in der ich es nöthig hatte. Von

da ab gewann Dein Geist wieder die einstige
Frische und Klarheit und Deine Körperkräfte kehrten Dir zurück. Daß Du in die große Welt
nicht sofort wieder zurückkehren wolltest, fand ich
begreiflich; daß Du hier gerade, wo Du den Frieden Deiner Seele wieder gefunden hattest, auch
ferner zu verweilen wünschtest, hatte nichts Ueber-
raschendes für mich, und gerne fügte ich mich
deshalb auch Deinem Wunsche, uns hier anzusiedeln. Ich habe diesen Entschluß nie zu bereuen
gehabt. Die Möglichkeit uns von den Eingeborenen, welche freundlich und friedlich uns empfangen hatten, fern zu halten, sicherte uns die abge-
sonderte Lage dieser Halbinsel zu. Der See in
ihrer Mitte, der Bach, der sie durchschließt, machten die Ansiedelung leicht; der fruchtbare Boden
begünstigte den Anbau, und was ich damals nur
unternahm, um Dir gefällig zu sein und weil ich
glaubte, daß nach Verlauf einiger Zeit Deine Ansichten sich dennoch ändern möchten, ist mir nach
und nach zum ernsten Lebenszweck geworden.

So wollen wir bleiben! rief Céleste rasch.

Du verlangst das Unmögliche, mein Kind,
sprach der Greis lächelnd. Ein Gewitter steigt auf

an dem politischen Horizonte dieses Landes. Wir
stehen hier einsam und durch weite Strecken abge=
schnitten von aller Hülfe unserer Landsleute, le=
diglich angewiesen auf die selbsteigene Kraft. Aber
unsere Kraft ist gering. Bei dem wankelmüthigen
Charakter der uns umgebenden Horden sind wir
nicht sicher, ob unsere Freunde von heut, nicht
morgen schon daherkommen als erbitterte Feinde,
um unsere Kopfhäute einzufordern. Hier ist der
Krieg nicht mehr Krieg, sondern Vertilgung alles
dessen, was lebt und athmet. Bedenke das! Nein,
nein, dem Sturme der sich bald erheben wird,
sind wir nicht gewachsen. Gehen wir ihm also
aus dem Wege, so lange uns noch die Zeit dazu
übrig gelassen ist. — Mein Tagewerk auf Erden
ist gethan und ob langsam das schleichende Alter
meinen Lebensfaden zernagt, oder der Schlag
einer Indianer = Art meinen Schädel spaltet,
das dürfte ziemlich leicht in das Gewicht fallen;
da aller menschlichen Berechnung zufolge, mir
nur noch wenige Lebenstage aufgespart sein kön=
nen. So aber ist es nicht mit Dir, mein Kind,
die Du noch in der frischen Blüthenzeit des Le=
bens stehest; eben so wenig auch mit Deinem

Gatten und — mit Deinen Kindern. Dir ist die Selbsthaltung Pflicht, nicht allein um Deiner selbst, sondern noch vielmehr um Deines Gatten und um Deiner Kinder willen, die Dein Eigensinn mit Dir zugleich in das Verderben stürzen würde. Im Uebrigen aber ist es für Deine Kinder hohe Zeit, daß ihre Erziehung in Angriff genommen werde. Unter anderen Verhältnissen und Aussichten, würden wir sie vielleicht auf ein paar Jahre von uns geschickt haben; jetzt begleiten wir sie auf ein paar Jahre nach Europa. Das ist Alles!

Céleste sprach seufzend: Ja es muß so sein. Ich begreife es, leider, leider!

Sie erhob sich und ging langsam in das Haus zurück.

Die beiden Männer blieben sitzen und schauten ihr sorgenvollen Blickes nach. Nach einer längeren Pause sinnenden Schweigens, sprach der Jüngere:

Wir haben vielleicht Unrecht gethan, ihr unsere schlimmsten Besorgnisse noch immer zu verhehlen und unsere Abreise auch nur bis jetzt zu verzögern. Die Gerüchte die uns zugekommen sind,

sind trübe genug, um das Aeußerste befürchten
zu lassen. Mit Spannung und Ungeduld sehe
ich den Nachrichten von Montréal entgegen. Seit
zwei Tagen schon hoffe ich vergeblich auf die
Rückkehr unsers Abgesandten.

Wenn mich mein Auge nicht täuscht, erwie-
derte lebhaft der Greis, der mit dem Gesichte nach
dem Hafenplatze zugewendet saß, daher eine weite
Aussicht über den See hatte, so ist jener dunkle
Punkt auf dem Wasser, in der Richtung nach dem
Lorenzo ein Nachen.

Mit der größten Lebendigkeit sprang der jüngere Mann augenblicklich von seinem Sitze empor
und schaute gespannten Blickes über den See.

Es ist unzweifelhaft ein Fahrzeug! rief er sodann und lief eiligen Schrittes in das Haus,
aus welchem er nach wenigen Augenblicken, mit
einem Fernrohr in der Hand zurückkehrte.

Trotz der eigenen Ungeduld, in der er sich befand, reichte er höflich dasselbe dem älteren Herrn,
der es bedächtig an das Auge brachte und nach
längerer Prüfung sprach: Es ist eines unsrer eigenen Fahrzeuge und von den drei darin befindlichen
Personen, scheint der eine mir unser Bote zu sein.

Nach diesen Worten legte der alte Herr das
Fernrohr in die Hand des jüngeren, der nun sei-
nerseits das herankommende Boot der genausten
Prüfung unterwarf.

Es ist, wie Sie gesagt, sprach er sodann.
Julius Frost sitzt am Steuer. In einer Stunde
werden wir wissen, was wir zu hoffen oder zu
fürchten haben. Wollen wir ihm an den Strand
entgegen gehen?

Der alte Herr gab bereitwillig seine Zustim-
mung zu diesem Vorschlage zu erkennen und Beide
schritten langsam, aber in eifrigem Gespräche den
Abhang zum Hafen hinab.

Der Mann, der mit solcher Ungeduld von den
Beiden erwartet wurde, war wirklich Julius Frost,
der Maler, den ich zu Rom in einer für uns Beide
so entscheidenden Stunde kennen gelernt hatte.
Der ältere Herr, der Besitzer dieser Niederlassung
war der Marquis de Ratainville. Céleste, seine
Tochter, die ehemalige Gräfin Dolgobow war mein
Weib, und jener Knabe und jenes Mädchen, wa-
ren unsere Kinder. Der jüngere Begleiter des
Marquis war ich.

Frost hatte, als er mir seine Lebensgeschichte

erzählte, den Wunsch gegen mich ausgesprochen,
nach Amerika zu gehen. Mich knüpfte an Welt
und Menschen kein anderes Band, als die Dank-
barkeit· gegen ihn. Mein Entschluß war daher
bald gefaßt. Am nächsten Morgen war ich in
seiner Wohnung und trug mich ihm als Reise=
gefährten an. Es gelang mir aber nicht, Herr
über alle die Bedenklichkeiten zu werden, welche
seinem Zartgefühle dadurch erwuchsen, daß ich die
Kosten der Ausrüstung und der Reise für uns
Beide zu übernehmeu, mich bereit erklärte. Ich
mußte ihn endlich verlassen, ohne zum Ziele gekommen zu sein. Jetzt begab ich mich sofort zu
dem Zwischenhändler, dessen Frost sich bei dem
Verkaufe seiner Bilder und Thiere zu bedienen
pflegte und dessen Namen ich zufällig während
unserer Unterhaltung erfahren und behalten
hatte. Ich beauftragte denselben, indem ich ihn
durch eine reichliche Belohnung zur Verschwiegen=
heit verpflichtete, das ganze Besitzthum des Ma=
lers für eine Summe an sich zu bringen, die
allen Sorgen und Bedenklichkeiten des jungen
Mannes ein Ende machen mußte.

Der Händler hatte sich meines Auftrages mit

so großer Geschicklichkeit entledigt, daß in Julius
Frost auch nicht der leiseste Gedanke an meine
Einmischung aufgestiegen war. Mit freudestrah-
lendem Gesichte stürmte er noch im Laufe desselben Tages in meine Wohnung, um mir mitzutheilen, daß er alle seine Habe verkauft und
deren unerwartet hoher Erlös, alle weiteren Schwie-
rigkeiten aus dem Wege geräumt habe.

Unsere Reise wurde beschlossen und ausgeführt.

Wenn unser Aufenthalt in den Städten Amerikas nur kurz und schnell vorübergehend war,
so übte dagegen das Leben in den Wäldern auf
unsere, für die Schönheiten der Natur geöffneten
Herzen, einen um so unwiderstehlicheren Reiz aus.
Durch unsere früheste Erziehung waren wir Beide
an Strapazen gewöhnt und wenn unsere späteren
Studien auch dazu beigetragen hatten, uns einigermaßen wieder zu verweichlichen, so standen wir
dagegen doch noch immer in den Jahren rüstiger
Manneskraft und selbst der Beruf als Maler,
hatte unsern Geist für eine romantische Auffassung
der Außenverhältnisse und der Natur so empfäng-
lich gemacht, daß dieser Einfluß unter so außergewöhnlichen Umständen durch die ideelle Spann-

kraft erſetzte, was uns an körperlicher Rüſtigkeit im Anfange unſerer Wanderungen vielleicht noch abgehen mochte.

Allerdings war der größere Vortheil auf Seiten Froſts, der bedeutend jünger war als ich. Dennoch war es wunderbar, wie meine geſchwächte Geſundheit ſich zuſehends unter der Einwirkung dieſer einfachen, wenn auch anſtrengenden Lebensweiſe ſtählte und härtete, ſeitdem mein Gemüth nicht mehr von den beängſtigenden Phantaſiegebilden der früheren Zeit aufgeregt und gefoltert wurde.

Es würde mich allzuweit ableiten, von dem mir vorgeſetzten Ziele, meine Lebensſchickſale in einfachen Umriſſen dem Papiere anzuvertrauen, wenn ich mich auf weitere Schilderungen einzelner Erlebniſſe unſeres Wald- und Jägerlebens einlaſſen wollte; jedoch muß ich eines derſelben ſchon um deswillen ausführlicher berühren, weil es ſich auf die fernere Geſtaltung meines Lebens von dem entſchiedenſten Einfluſſe erwies.

Wir befanden uns, nach glücklicher Ueberwindung großer Mühſeligkeiten und Beſchwerden, unter der Führung eines weißen canadiſchen Jä-

gers, französischer Abkunft, dessen Zuverlässigkeit
und Treue uns von dem Gouverneur von Que=
beck verbürgt worden war, an den Ufern des
Champlainsees.

Wir hatten von einer an dem südwestlichen
Ufer desselben gelegenen Höhe, welche die anderen
weit überragte, einer entzückenden Aussicht über
seine reizende Fläche und seine romantischen Ufer
genossen und so eben unter einer Klippe, welche
frei über den See und unsern gegenwärtigen
Standpunkt dergestalt heraushängt, daß letzterer
nur durch eine versteckte, wild verwachsene Schlucht
zu erreichen ist, die Anstalten für die Bereitung
unseres Nachtmahles getroffen, als plötzlich in
dem Thale unter uns ein Schuß fiel und das
lautlose Schweigen der Wildniß, von dem furcht=
baren Kriegsgeschrei der Irokesen unterbrochen
wurde. Mehrere Schüsse folgten sogleich dem
ersten, und wir griffen sofort zu unseren Büchsen,
um uns in Vertheidigungszustand zu setzen, falls
wir angegriffen werden sollten.

Claude Rénard, unser Führer, von Jugend
auf gewöhnt an die Gefahren der Wälder und
die furchtbaren Ueberraschungen, welche die Ein=

geborenen mit so entsetzlichem Geschick zu bereiten
verstehen, gebot uns mit leiser Stimme, uns
ruhig zu verhalten. Die Wölfe, sprach er, jagen
nicht auf unserer Fährte, aber sie machen Jagd
und zwar auf eine andere Creatur, als auf Bär
oder Hirsch. Ich will recognosciren.

Vorsichtig das Pulver auf der Pfanne seines
Gewehrschlosses besichtigend und zusammenklopfend,
verließ er unhörbaren Schrittes das Lager und
schlich, hinter den Stämmen der Bäume sich deckend,
niederwärts in die Schlucht hinab.

Der plötzliche Lärmen und das Geschrei, welches
sich in verschiedenen Richtungen hatte hören lassen,
waren eben so bald wieder verstummt. In athem-
loser Spannung hatten wir fast eine Stunde
lang gelauscht, ohne auch nur den mindesten ver-
dächtigen Laut wieder vernommen zu haben. Jetzt
erblickten wir Rénard, wie er sich vorsichtig dem
Lager näherte; zu gleicher Zeit aber, dicht in
seine Fußstapfen tretend einen Indianer, der
friedlich ihm zu folgen schien. Als unser Führer
uns erblickte und auf unsern Gesichtern den Ausdruck der Ueberraschung erkennen mochte, die sein
Begleiter in uns hervorrief, machte er uns mit

der Hand ein Zeichen, daß Alles in Ordnung sei
und trat gleich darauf mit demselben zu uns heran.

Der Fremde, ein Mann von etwa dreißig Jahren,
war hoch gewachsen und von schönem, kräftigem
Körperbaue. Sein Kopfschmuck, seine Bemalung,
sowie seine Bewaffnung bewiesen, daß er sich auf
dem Kriegspfade befand und ein noch frischer,
blutiger Scalp an seinem Gürtel deutete darauf
hin, daß einer der Schüsse, die wir vor Kurzem
gehört, seinen Feinden verderblich geworden war.
Mit einem stolzen Gruße schritt er an uns vorüber und setzte sich in der Entfernung weniger
Schritte auf einen umgestürzten Baumstamm, anscheinend ohne auf uns und unsere Bewegungen
die mindeste Rücksicht zu nehmen. Er mußte
augenscheinlich soeben noch einer heftigen Anstrengung ausgesetzt gewesen sein, denn seine breite
Brust hob und senkte sich mit Ungestüm. Ohne
diese unfreiwillige Bewegung hätte man ihn, nach
seiner Unbeweglichkeit für eine Statue halten
können. Seiner Bemalung und seinem Putze
nach, gehörte er einem Stamme an, der uns
bisher fremd geblieben. Rénard gab uns folgenden Aufschluß über seine Person.

3*

Es ist Matura, der Häuptling eines Huronen=
stammes an den Ufern der großen Seen. Ich
habe dort in früheren Zeiten einige Jahre unter
seinem Stamme gelebt, und bin mit ihm selbst
häufig auf der Jagd und dem Kriegspfade ge=
wesen. Er kam, ohne mich zu bemerken, dicht
an mir vorübergestürzt und ich erkannte ihn zum
Glücke in dem Augenblicke, wo mein Finger sich
anschickte, den Drücker zu berühren. Statt eines
Schusses sandte ich ihm ein Zeichen zu, das uns
früher in mancher Gefahr zur Erkennung gedient
hatte. Die Rothhaut stutzte und hielt im Laufe
inne, als sie den Pfiff des grauen Eichhörnchens
so nahe bei sich hörte und ein verwunderungs=
volles „Hugh"! kam über seine Lippen, als er
forschend sich umschaute und das zweite Signal
ertönte. Dann schlüpfte ich aus meiner Deckung
hervor und winkte ihm mir zu folgen. Jetzt
wollen wir hören, was ihn hierher gebracht hat.

Mein Bruder ist willkommen in dem Lager
seiner weißen Freunde! fuhr Rénard fort, indem
er sich gegen Matura wandte, welcher bei unserm
Herannahen in würdevoller Ruhe sich erhoben
hatte. Deine Freunde sind erfreut, die Hand

des großen Adlers der Seen schütteln zu können!
Mit einer Hoheit in Blick und Geberde, die einem
Könige Ehre gemacht hätte, legte Matura seine
Hand in die unsere.

Rénard fuhr fort: Mein Bruder ist auf dem
Kriegspfade. Will er seinen Freunden nicht an-
anvertrauen, wo die jungen Krieger seines Stam-
mes lagern und weshalb der große Adler die
Seen verlassen hat und seine Beute sucht in den
Wäldern der Irokesen?

Eine finstere Wolke flog wie ein Schatten
über das Antlitz des Kriegers und mit der Hand
einen weiten Bogen beschreibend, von der unter-
gehenden Sonne gegen Sonnenaufgang, sprach er:

Matura ist allein. Alle seine jungen Krieger
sind eingegangen in die glücklichen Jagdgefilde
Manitus. Die Irokesen sind Hunde, aber Matura ist ein großer Krieger und ein weiser Häuptling. Der große Adler der Seen zerreißt die
Irokesen mit seinen Krallen bis ihr Stamm ver-
tilgt ist. Kann der blinde Maulwurf die Spur
finden, die der Adler in der Luft zurückläßt?
Wittert der Hund die Fährte, die der Fisch unter
den Wellen des Sees macht? Die Irokesen sind

Hunde und blinde Maulwürfe. Der große Adler erkennt ihre Fährte und zweimal zehn Scalpe ihrer Krieger trocknen an seinem Gürtel.

Messieurs, sprach Rénard, indem er ernsthaft mit dem Kopfe schüttelnd sich zu uns wandte, ich fürchte, wir werden da recht ordentlich in ein Hornissennest gerathen sein; und es wird vermuthlich nicht lange mehr dauern, bis unsere Büchsen ein Wort der Einsprache reden müssen, um unsern Haarschmuck auf unsern Köpfen zu erhalten.

Kannst Du mir sagen Matura, fuhr er fort, indem er seine Rede an diesen richtete, wie viele dieses schleichenden Gewürmes ungefähr, nach Deiner Spur jetzt suchen?

Seit einer Stunde nur noch achtzehn, entgegnete dieser, indem er lächelnd mit dem Finger auf den blutigen Scalp deutete.

Gut! sprach der Jäger. Obschon Einige weniger, darum auch noch nicht vom Uebel gewesen wären. Wir haben jetzt alle Ursache, in unserm Lager auf der Hut zu sein. Nieder an den Boden! — zischte plötzlich die Stimme des Indianers, der seit einigen Augenblicken mit der gespanntesten Aufmerksamkeit die Blicke auf die,

nur durch die vorerwähnte schmale, aber tiefe
Schlucht getrennte, gegenüberliegende Höhe ge=
richtet hatte, und er versank wie ein Stein im
Wasser, hinter dem gefallenen Baumstamme.
Rénard riß uns in demselben Augenblicke mit
unwiderstehlicher Kraft neben sich auf den Boden
nieder, während zu gleicher Zeit eine unverhoffte
Salve ihre Kugeln über unsere Köpfe dahin
pfeifen ließ. Fast im gleichen Momente erscholl
auch der Knall der Büchse des großen Adlers
und der gellende Todesschrei eines Getroffenen
schlug an unser überraschtes Ohr. Ein wildes
Wuthgeheul der getäuschten Feinde erfüllte plötz=
lich die Luft, um eben so schnell wieder dem tiefsten
Schweigen den Platz zu räumen.

Vorläufig hatten wir unsere Rettung dem
schnellen Blicke und der Warnung Maturas zu
danken, sowie dem Umstande, daß die Höhe des
gegenüberliegenden Berges nicht die Höhe des=
jenigen erreichte, auf dem wir selbst uns befanden.
Aber auch in liegender Stellung waren wir vor
den Kugeln unserer Gegner höchstens nur so
lange gesichert, als es ihnen nicht einfiel, die
Gipfel der Bäume zu ersteigen und uns aus dem

Laubdache derselben auf das Korn zu nehmen.
Daß dieses Auskunftsmittel nicht lange ihrem
Scharfblicke entgehen würde, war vorauszusehen
und wir waren dann in einer um so gefähr=
licheren Lage, als die Plattform, auf der wir
uns befanden, nur klein und fast ganz von
Bäumen entblößt war. Die über unserm Haupte
dachartig hervorspringende Klippe, nahm uns
die Möglichkeit, uns nach dem Gipfel des Berges
hinauf zu retten, wehrte aber zugleich den Ver=
folgern uns von dorther anzugreifen. Nach drei
Seiten hin, sprang der Fels schroff hinaus in
den See, während allein die vierte, der Schlucht
zugewendete Seite einen, unter den obwaltenden
Umständen höchst bedenklichen Rettungsweg öff=
nete. Hier vermittelte ein etwa 30 Schritte langer,
sehr schmaler, völlig unbeschützter und nur mit
Vorsicht passirbarer Felsengrath, die Verbindung
zwischen dem anstoßenden Berge und unserm
gegenwärtigen Zufluchtsorte. Es wäre Tollheit
gewesen, im Angesichte der Feinde, die Flucht
auf diesem Wege zu versuchen, da wir uns da=
durch als die sichersten Zielscheiben vor die Mün=
dungen ihrer Flinten gebracht haben würden;

Wahnsinn aber, die Hoffnung zu fassen, auf einem andern Wege, als diesem, die Flucht bewerkstelligen zu können.

Das Geziefer wird sich wahrscheinlich theilen, sprach Rénard. Die eine Hälfte wird uns von drüben her, mit ihren Kugeln bearbeiten, die andre, uns auf dieser Seite den Paß verlegen. Matura, drücke Dich hinter jenes Felsenstück, und behalte den Uebergang im Auge. Ich denke Deine Büchse wird bald Gelegenheit finden, einem der Schurken einen Wink davon in's Ohr zu flüstern, daß von Deinen Kugel 23 auf das Pfund gehen, und Du nicht gewohnt bist, auch nur eine derselben unnützer Weise aus dem Rohre zu verlieren.

Matura glitt, ohne ein Wort der Erwiederung, einer Schlange gleich hinter dem Stamme entlang, der ihn verbarg. Dem bezeichneten Felsstücke gegenüber, richtete er sich langsam und bedächtig hinter seiner bisherigen Schutzwehr auf und ließ sich sodann mit Blitzesschnelle auf die andere Seite des Stammes herunterfallen. Gleich darauf fielen drei oder vier Schüsse und das Aufschlagen der Kugeln auf dem Felsgrunde ließ erkennen, daß sie von der Höhe der Bäume herab

abgefeuert worden waren. In der nächsten Secunde hatte Matura den offenen Raum, der ihn
von dem angewiesenen Posten trennte, übersprun-
gen und lag regungslos, im Schutze desselben bereit, die Sorge für die Sicherheit des Pfades zu
übernehmen.

Unsere eigene Lage war indessen nichts weniger als
angenehm oder gefahrlos; denn wir befanden uns
alle Drei dicht zusammengedrängt, hinter dem Stamme
eines mäßigen Kastanienbaumes und dem unsicheren Schutze eines schmalen, kaum etliche Fuß hohen Gebüsches. Eine auf das Gerathewohl in
dasselbe hineingeschossene Kugel hätte Einem oder
dem Andern von uns verderblich werden müssen.
Solcher kleinen Gebüschgruppen befanden sich etwa
zehn bis zwölf auf unserer Plattform und lediglich diesem Umstande war es beizumessen, daß wir
bis jetzt noch unbehelligt geblieben waren, da man
sich noch darüber in Ungewißheit befinden mußte,
hinter welchen Büschen wir wirklich verborgen
sein mochten.

Der Baumstamm, hinter welchem Matura bisher versteckt gewesen, und der mindestens Zweien
von uns ausreichenden Schutz hätte gewähren

können lag frei, in einer Entfernung von zwölf
Schritten uns zur Seite.

Wir müssen versuchen uns in Sicherheit zu
bringen, ehe diese Vagabonden sich daran machen,
die Gebüsche mit ihren Kugeln zu sondiren, sprach
Rénard. Herr Frost, Sie und ich, wir sind die
nächsten am Stamme, wir müssen hinüber. Im
Grunde ist die Gefahr dabei nicht allzu groß,
denn das Zielen von der Höhe herab, ist immer
unsicher und diese rothen Spitzbuben wissen doch
kaum erträglich mit einem Feuergewehre umzugehen.
Sobald Maturas Feuer erwiedert ist, springen Sie
so schnell als möglich hinüber. Halten Sie sich
bereit und fertig.

Matura! rief er sodann. Mache doch einmal
den Burschen dort drüben darauf aufmerksam,
daß er seine Beine höchst unverständig vom Zweige
jener Eiche herunterbaumeln läßt.

Matura wandte sich vorsichtig nach der bezeich=
neten Richtung. Einen Augenblick später knallte
seine Büchse. Ein Wehegeschrei erscholl und der
Indianer stürzte getroffen von dem Zweige herab,
hinter dessen Blätter er sich versteckt gehalten
hatte. Ein zweiter Schrei aus den Kehlen seiner

Genossen gellte durch die Lüfte und ein Dutzend Schüsse wurden herübergesandt, ohne jedoch Schaden anzurichten.

Jetzt! rief Rénard und sprang empor, indem er mit lautem Hohngeschrei seine Büchse um das Haupt schwang und langsamen Schrittes dem Stamme zuschritt, hinter welchem Frost sich bereits in Sicherheit gebracht hatte. Ein vereinzelter Schuß folgte dieser kecken Herausforderung, der von dem Jäger mit einem weiteren, schallenden Hohngelächter erwiedert wurde. Dann erst kauerte er sich hinter dem Stamme zusammen.

Ein fürchterliches Geheul der Wuth beantwortete den Hohn des Jägers; ein paar Flinten wurden in blinder Raserei abgefeuert; dann aber kehrte auf's Neue die tiefste Stille zurück.

Claude Rénard sprach lachend: Recht so! — Wie doch das Lumpengesindel leichtsinnig Pulver und Blei verplatzt! — Ich glaube, die Narren denken, sie haben hier vier der besten Büchsen an der Grenze in's Skath gelegt! Werdet Euch noch wundern, Ihr rothen Teufel! —

Ich meine, Claude Rénard, sprach ich, unsere Lage sei verzweifelt genug und sie wissen dort

drüben sehr wohl, daß sie uns wirklich in der
Falle haben. Sie werden den einzigen Ausweg,
der uns bleibt längst besetzt haben. Was brau=
chen sie Pulver und Blei zu schonen, da sie uns
ganz einfach aushungern können.

Rénard entgegnete: In einer Stunde ist die
Nacht eingebrochen. Bis dahin werden wir frei=
lich still liegen müssen, denn ein zur Unzeit ge=
zeigtes Glied, würde alsbald zum Ziele ihrer
Kugeln genommen werden. In einer Stunde
aber, können wir unsere Vorbereitungen zum Ab=
marsche treffen und ihnen das leere Nest und das
Nachsehen lassen.

Meint Ihr etwa wie ein Vogel durch die
Luft zu fliegen, Claude Rénard? fragte ich.

Bewahre Herr! entgegnete dieser. Eher noch
könnte ich Ihnen vielleicht zumuthen, sich mit mir
wie ein Maulwurf durch die Erde zu wühlen! —
Diesen Worten ließ er ein unterdrücktes, aber
trotzdem nicht weniger herzliches Lachen über seinen
Witz folgen.

Etwas ärgerlich darüber, konnte ich mich nicht
entbrechen dem Jäger zuzurufen, daß ich durchaus
nichts in unserer Lage finden könnne, was mir

seine unzeitige Luſtigkeit zu rechtfertigen geeignet
ſchiene.

Glaube es Ihnen, Herr! entgegnete derſelbe
trocken. Denn außer meinem Vater, der aber
längſt todt iſt und mir, iſt vielleicht Niemand
vorhanden, der von den Geheimniſſen dieſes Berges zu erzählen wüßte. Wir haben noch Zeit
und das Plaudern wird uns dieſelbe verkürzen
helfen. Hören Sie denn:

Es können ungefähr zwanzig Jahre her ſein,
denn ich war damals kaum ein achtzehnjähriger
Burſch, als ich mit dem alten Benoit Rénard,
meinem Vater, zum Erſtenmale hierher kam.
Wir hatten bei den Fällen und in den Thälern
um den Chaudière, ſchon einen recht hübſchen
Vorrath von Häuten und Biberfellen zuſammen-
gebracht, als wir mit einigen engliſchen Jägern
und Fallenſtellern zuſammentrafen. Wie es denn
nicht anders ſein konnte, ſo geriethen wir bald
mit den maulaufſperrenden Goddams in Zwiſtigkeiten und mein Vater, der troz ſeines Alters,
ein gar gewaltthätiger und hizköpfiger Burſche
war, ſuchte die Entſcheidung derſelben, durch ein
paar Büchſenkugeln ganz zu ſeiner Zufriedenheit

zu ordnen, welche recht unangenehme Löcher, nicht
allein in den Wämſern, ſondern auch in den
Häuten der Engliſchmans zurückließen, und über=
dies noch den Erfolg hatten, alle weiteren Er=
örterungen von ihrer Seite völlig verſtummen zu
machen. Ich für meine Perſon, konnte zwar die
Art der Beweisführung, mit der mein Vater
ſeine Gegner zu Boden disputirt hatte, nicht
billigen, unmöglich aber auch meinen würdigen
Erzeuger allein in der Klemme ſtecken laſſen, in
die er ſich und mich durch ſeine ungenirte Abfer=
tigungsmethode gebracht hatte; jedoch ich ver=
ſichere Euch, die angenehmen ſchattigen Ufer des
Chaudière wurden für uns bald darauf ſo heiß,
daß wir uns gar nicht mehr nach unſern Vor=
räthen umſehen, überhaupt aber nicht genug be=
eilen konnten, um eine tüchtige Strecke Gebirg=
und Waldbodens zwiſchen ſie und uns zu legen.
Dabei konnten wir uns um ſo weniger damit
aufhalten die Schönheiten der Gegenden, durch
die wir kamen, zu bewundern, als uns eine ſo
ſtattliche Meute langbeiniger Engländer auf der
Fährte war, als ſie jemals nur einen flüchtigen
Fuchs zu Tode gehetzt hat. Es war eine ver=

wettert hitzige Jagd, bevor wir den Champlain erreichten und ein wahres Wunder war's, daß wir ihn überhaupt nur erreichten. Auf einem halbverwitterten Baumstamme, den wir glücklicher Weise in der Nähe des Ufers bemerkten und im Schwimmen erreichten, trieben wir während der Nacht, von einem harten Nordostwinde begünstigt, zwischen den Inseln hindurch und an das jenseitige Ufer hinüber. In der Nähe dieser Schlucht hier, gewannen wir endlich das Land.

Jetzt durften wir hoffen unsere Verfolger für's Erste von unserer Spur abgebracht zu haben und wiederum einmal einer Ruhe zu genießen, die uns seit langer Zeit versagt gewesen und doch so dringend nothwendig war.

In dieser Hoffnung hatten wir uns zufällig auch nicht getäuscht. Unsere Verfolger machten zwar noch wochenlang die Inseln und die Ufer des Sees unsicher, konnten uns aber doch in dem sicheren Neste, aus dem wir sie beobachteten und ihrer Bemühungen spotteten, nicht aufspüren. Die gewaltsamen Anstrengungen der langen Hetzjagd hatten die riesige Kraft meines Vaters gebrochen und die Kälte der Nacht und des Wassers, ihm ein Fieber zugezogen. Als wir landeten, war er fast unfähig geworden, sich zu bewegen und seine alten Knochen klapperten vor Frost. Aber auch ich bedurfte der Erholung. Bald fanden wir einen Platz, der uns für den Augenblick hinreichende Sicherheit zu versprechen schien. Nach einigen Stunden todtenähnlichen Schlafes erwachte ich neu gestärkt, aber von dem wüthendsten Hunger gepeinigt.

Mit Mühe gelang es mir, meinen Vater zu wecken, um ihm zu sagen, daß ich versuchen wolle, uns Nahrung zu verschaffen. Die Flinte nahm ich nur für den Fall der Vertheidigung mit, da ich nicht wagen durfte ein Wild zu schießen, damit ich uns die Verfolger nicht muthwillig auf den Hals zöge. Bald fand ich einen Kaninchenwechsel und verlor keine Zeit, einige Schlingen auszulegen.

Dann ging ich vorsichtig, um zu recognosciren, in dem Bette eines Baches stromaufwärts. So gelangte ich um den Berg hier in unserm Rücken herum und an die andere Seite desselben, wo das Wasser einen kleinen Fall bildete und das enge Thal, von wild übereinander gestürzten Felsenblöcken wie übersäet erschien. Der Platz schien mir für Leute, die wie wir, eine bescheidene Zurückgezogenheit suchten, zum Verstecke wie geschaffen. Ich trat vorsichtig aus dem Wasser heraus, war aber nicht wenig überrascht, in dem Augenblicke, wo ich um den nächsten Felsblock bog, eine frische Fußspur in dem Moose zu meinen Füßen zu erblicken. Allerdings konnte ich mich nur in dem ersten Momente der Ueberraschung über die Beschaffenheit derselben täuschen lassen, denn ein zweiter, etwas kaltblütigerer Blick, gab mir sofort die Ueberzeugung, daß nicht ein Mensch, sondern ein Bär diese Fährte hinterlassen habe. Eifrig und entschlossen folgte ich sogleich derselben bis zum Fuße des Berges, wo sie in dem dichtesten Gesträppe endete, das noch jemals meine Augen erblickt hatten.

Zu meiner Schande muß ich gestehen, daß ich von dem Augenblicke an, wo ich die Spur als die eines Bären erkannte, meinen Hunger, meine Schlingen, meinen Vater, unsere Verfolger und die Gefahr, in der wir schwebten, so vollständig aus dem Gedächtnisse verloren hatte, daß mir kein anderer Gedanke mehr übrig blieb, als

wie ich des Bären habhaft werden möchte. Ich
war eben noch ein gar grüner Bursche und die
Jagdluſt hatte mein heißes Blut entzündet, das
iſt Alles, was ich zu meiner Entſchuldigung vor-
bringen kann. Jetzt aber hätte mir alle Ueber-
legung in der Welt zu nichts mehr helfen können;
denn während ich mit der Naſe am Boden, den
Eingang in das Gebüſch vor mir unterſuchte,
hörte ich plötzlich hinter meinem Rücken, ein gar
unliebſames, zorniges Brummen. Wie eine
Stahlfeder ſchnellte ich empor und ſah zu meiner
Ueberraſchung einen großen Bären, in der Entfernung von höchſtens zehn Schritten, auf ſeinen
Hinterfüßen ſitzen und mit erhobenen Tatzen,
ſeinen dicken Kopf in höchſt bedenklicher Weiſe
auf ſeinen Schultern wiegen, während ſeine kleinen
funkelnden Augen, mich durchaus nicht mit liebe-
vollen und gaſtfreundſchaftlichen Gefühlen zu be-
trachten ſchienen.

Von meiner Kaltblütigkeit in dieſem kritiſchen
Verhältniſſe würde ſelbſt mein beſter Freund, und
wenn ich es ſelbſt wäre, nicht allzuviel Rühmens
machen können, ungleich mehr aber dafür von
meinem Glücke. — Aufſpringen, das Gewehr am

Kopfe haben, losdrücken und zugleich einen Satz
zur Seite machen, als wenn ich in meinen Lenden
die Schenkelkraft einer Legion von Heuschrecken
besessen hätte, Alles das, war das Werk einer
einzigen Secunde. Dieser Sprung, der mich von
der sehr gefährlichen ˉgraben Richtung, die ich
meinem brummigen Freunde gegenüber inne hatte,
um mindestens zwanzig Fuß und zwar in einem
rechten Winkel plötzlich abbrachte, wurde leider
nicht ganz von dem glücklichen Erfolge gekrönt,
der der Entfaltung einer so außerordentlichen
Behendigkeit, gerechter Weise hätte zu Theil wer=
den sollen. Denn als meine Füße den Boden
wieder berührten, glitten sie auf der abschüssigen
Fläche eines moosüberzogenen Steines aus und
ich rollte, mit dem Kopfe voran, über ein nie=
driges Felsenstück hinausschießend, unaufhaltsam
den Abhang hinunter.

Die Eilfertigkeit, mit welcher, ganz gegen mei=
nen Wunsch und Willen, diese Niederfahrt be=
werkstelligt wurde, bot mir nichts desto weniger,
noch lange nachher die günstigste Gelegenheit, höchst
interessante Betrachtungen anstellen zu können,
sowohl über die Wandelbarkeit der natürlichen

Farben alles Fleisches; als auch über die unver=
wüstliche Beständigkeit meiner Knochen, sogar
mit Einschluß derjenigen, welche die Verstandes=
kräfte des Menschen umschließen. Allerdings muß,
bevor ich zu irgend einer Beobachtung wieder auf=
gelegt, oder zum Denken auch nur einigermaßen
wieder befähigt war, eine nicht ganz unbeträcht=
liche Zeit verflossen sein; denn das Gewässer, in
welchem ich schließlich zur Ruhe gekommen, hatte
mich bereits ein recht hübsches Stückchen Weges
fortgewiegt, ehe es seinen, mich murmelnd um=
schmeichelnden Wellen hatte gelingen wollen, mich
aus einer höchst hartnäckigen Bewußtlosigkeit, zu
mir selbst zurückzurufen.

Kopf und Glieder schmerzten mich fürchterlich.
Ich kroch mühsam an das Ufer und sammelte
auf einem Steine meine Gedanken und Erinne=
rungen, nicht ohne einige Beschwerde. Dann in
dem Wasser des Baches aufwärts gehend, fand
ich in der Entfernung von mehr als hundert
Schritten, meine Büchse, dicht am Ufer desselben.
Sie hatte keinen Schaden gelitten. Ich lud sie
wieder und klomm langsam, gleich einer Schnecke,
den Abhang hinauf, den ich vor kurzer Zeit erst

mit so rasender Geschwindigkeit hinabgekollert
war. Ich mußte jedenfalls wissen, was aus
meinem Freunde Petz geworden war. Als ich
endlich mein Haupt über demselben Blocke empor=
richtete, über den hinweg ich vorher in die Tiefe
geschossen war, sah ich ihn verendet liegen, genau
auf derselben Stelle, von welcher ich den hals=
brecherischen Absprung genommen hatte. Meine
Kugel hatte ihm die Stirne, grade zwischen den
beiden Augen durchbort.

Das Triumphgefühl meines Sieges ließ mich
für den Augenblick aller meiner sonstigen Schmerzen
vergessen; aber die Unfähigkeit, meine Beute nun
auch allein in Sicherheit bringen zu können, rief
mir endlich meinen Vater wieder in Erinnnerung.
Ich beschloß zu ihm zurückzukehren. In den
Schlingen erwischte ich zwei Kaninchen. Ich fand
Herrn Benoit Rénard noch an derselben Stelle,
auf der ich ihn verlassen hatte. Er hatte die
Stunden meiner Abwesenheit in tiefem, unge=
störten Schlummer hingebracht und selbst mein
Schuß war ungehört an seinem Ohre verhallt.
Ein Feuer anzumachen, wagten wir nicht, und
mußten uns daher mit dem rohen Fleische der

Kaninchen begnügen. Sodann machten wir uns neu gestärkt und gekräftigt auf den Weg zum Bärenlager.

Ich war vorher der Fährte des braunen Herrn gefolgt bis sie in das Gebüsch führte, und es war mir unbegreiflich geblieben, wie der Bär sich so plötzlich in meinem Rücken hatte befinden können. Wir untersuchten und prüften jetzt den ganzen Platz mit der größten Aufmerksamkeit. Ein wohl dreißig Fuß langer, flacher Felsblock, überwuchert von Dornen, Schlingpflanzen und dichtem Buschwerke, lag auf einer natürlichen schmalen Terrasse, so eng gegen den Felsen gepreßt, daß zwischen ihm und dem Berge nur ein ganz enger Zwischenraum freiblieb. Jetzt wurde mir das Räthsel auf einmal klar! Der Bär, der vor mir, auf der einen Seite in diesen Gang eingetreten, war hinter mir, an der entgegengesetzten Oeffnung wieder heraus und mir in den Rücken gekommen.

Eine unwiderstehliche Neugier zwang mich sofort denselben Weg einzuschlagen. Zu meiner höchsten Ueberraschung fand ich jetzt, daß jener große Stein eine Oeffnung im Felsen versteckte,

welche in den Berg mündete, umfangreich genug,
um einem Manne, in gebückter Stellung den Durch=
laß zu gestatten.

Ich rief meinen Vater, und wir überzeugten
uns, daß ein schmaler, abschüffig geneigter Pfad,
sich bald zu einer Höhle erweiterte, welche für
unsere Anforderungen hinreichenden Raum und
genügende Sicherheit zu gewähren vermochte. Die
Luft in derselben war frisch und trocken, obschon
wir keinen weiteren Zugang noch entdeckten. Daß
der von mir erlegte Bär hier sein Lager gehabt,
hätten uns unsere Geruchsnerven allein verrathen
müssen, wenn wir nicht auch durch unsere übrigen
Sinne auf die überzeugendste Weise davon in
Kenntniß gesetzt worden wären.

Wir hatten indeß weder Anlaß noch Neigung
uns gegen die Verlaffenschaft unseres Vorgängers
allzu ekel zu beweisen, beschloffen vielmehr in
dankbarer Anerkennung seiner uns geleisteten und
noch zu leistenden guten Dienste, dem ehemaligen
Besitzer dieses Gemaches die Ehre zu erzeigen, ihn
zu uns herein zu nöthigen und ihn einzuladen,
dasselbe auch noch ferner mit uns zu theilen.
Da derselbe indessen in Folge des überraschenden

Unglücksfalles, den er heute durch mein Verschul=
den erlitten, nicht in der Lage war, auf seinen
eigenen Beinen unserer höflichen Einladung Folge
geben zu können, so durften wir, um des Ver=
gnügens seiner Gesellschaft willen, auch die Mühe
nicht scheuen, ihn dabei mit unseren besten Kräften
zu unterstützen. Und wahrlich, er nahm während
der nächsten halben Stunde deren alle, über die
wir zu verfügen vermochten, in ungetheilten
Anspruch.

Nachdem wir diese Pflicht der Pietät erfüllt
hatten, machten wir uns daran, jede Spur un=
serer Anwesenheit, um die Höhle herum, sorg=
lichst zu verwischen und den Einlaß zu derselben
nach Möglichkeit zu verbergen; sodann aber diese
selbst, auf das gewissenhafteste zu durchsuchen,
wobei uns ein Wachslicht, das sich im Besitze
meines Vaters fand, die wesentlichsten Dienste
leistete.

Im Hintergrunde der Höhle sprang ein breiter
Felsblock, von mehr als Manneshöhe weit herein.
Wir erkletterten denselben, gegenseitig uns unter=
stützend und trafen auf einen Spalt in der Rück=
wandung, der so enge war, daß wir nur mit

Mühe hindurchſchlüpfen konnten. Von hier aus führte ein vielfach gewundener, bald ſich faſt ſchließender, bald wieder ſich in geräumige Hallen ausbreitender Weg, fortwährend in die Höhe. Ihn zu verfolgen war ein ermüdendes und an= ſtrengendes, ſonſt aber ungefährliches Unternehmen, bis wir endlich an einen, quer über den Boden laufenden, breiten Riß gelangten, der ſich über einem, tief unter uns dahin rauſchenden Waſſer öffnete. Hier mußten wir vor der Hand unſere Nachforſchungen ruhen laſſen, da wir jeglichen Mittels entbehrten, um auf die andere Seite des mehrere Klafter breiten Abgrundes hinüber zu gelangen. Am andern Tage indeſſen hatten wir bereits das Mittel gefunden und das Hinderniß glücklich überſchritten. Eine weitere Stunde müh= ſeligen Aufſteigens, führte uns ſodann dem Ende der Höhle und dem Tageslichte entgegen.

Doch ich ſehe, die Nacht iſt ſo weit herein= gebrochen, daß wir uns jetzt mit Sicherheit aus dem Staube machen können. Die rothen Teufel werden nicht begreifen, auf welche Weiſe ihnen die Vögel davon geflogen ſein können, wenn ſie hieher geſchlichen kommen werden, um uns eine

Ueberraschung zu veranstalten. Auch meine Erzählung ist, obschon wir fast vier Wochen lang
uns in der Höhle verborgen hielten, eigentlich zu
Ende; denn wir fanden alsdann die Luft vollkommen wieder rein. Falls Sie aber neugierig
sein sollten, zu erfahren, wo wir denn eigentlich
das Tageslicht erblickten, so kann ich meine weiteren Worte schon um deswillen sparen, weil Sie
den Ort sogleich mit eigenen Augen sehen werden;
denn Sie haben jetzt denselben Weg abwärts zu
machen, den wir damals zuerst aufwärts machen
mußten.

Claude Rénard erhob sich und sprach einige
Worte mit dem großen Adler, worauf Beide
schweigend einer jungen Birke zuschritten, welche
aus einer Felsenspalte hervorgewachsen, schräg
über das Wasser hinaushing.

Bewachen Sie jetzt den Weg, rief Rénard mir
im Vorüberschreiten zu. Ich erhob mich sogleich
aus meiner höchst unbequemen Stellung und nahm
den, von dem Indianer verlassenen Posten ein.
Die Dunkelheit hatte so rasch zugenommen, daß
ich schon die beiden Männer auf wenige Schritte
Entfernung nicht zu sehen vermochte; wohl aber

hörte ich nach einigen vorsichtig geführten Toma-
hawkschlägen, das Anstreifen und Rauschen von
Blättern und Zweigen gegen den Felsen. Die
Birke war an der Wurzel abgehauen und durch
die vereinte Kraft der Männer, glücklich auf die
Felsenplatte gezogen worden.

In diesem Augenblicke schien es mir, als hätte
ich in der Richtung des Felsenpfades einen harten
Gegenstand gegen den Stein anschlagen gehört.
Noch ehe ich aber mit mir selbst darüber in's
Reine kommen konnte, ob mein Ohr mich getäuscht habe oder nicht, hatten Rénard und der
große Adler bereits ihre Büchsen ergriffen und
zwei Schüsse rollten krachend über meinem Haupte
in die Nacht hinaus. Zwei jähe Blitzstrahle er-
hellten für einen Augenblick die tiefe Finsterniß.

Eine Abtheilung der Irokesen hatte sich bis
an den schmalen Pfad herangeschlichen. Der Vor-
derste, der den gefährlichen Weg bereits betreten,
hatte glücklicherweise, mit dem eisenbeschlagenen
Kolben seiner Flinte an einen vorspringenden
Stein gestoßen. Die beiden Schüsse wurden aus
einem halben Dutzend feindlicher Flinten, unter
furchtbarem Geheul erwidert. Dann ward plötz-

lich Alles wieder still. Getroffen war hüben wie
drüben Niemand. Der Ueberfall war vereitelt.

Die schleichenden Hunde haben uns wachsam
gefunden und sich zurückgezogen, sprach Rénard.
Sie werden jetzt Zeit brauchen, um eine andere
Teufelslist auszudenken.

Der Indianer hatte seinen vorherigen Wacht=
posten wieder eingenommen, von dem ich mich,
etwas beschämt, über meinen Mangel an Geistes=
gegenwart gern zurückzog; Rénard hatte sich bereits
ganz ruhig wieder an seine, uns unerklärliche Be=
schäftigung gemacht.

In einer Länge von etwa zwanzig Fuß, schlug
er den wenig mehr als armsdicken Stamm, nach
oben hin nochmals ab und hieß uns dann den
Wipfel des Baumes und die abgeschlagenen Zweige
in den See hinabwerfen. Um die Mitte des
Stammes legte er, mittelst einer Schlinge, einen
starken geflochtenen Lederriemen, von ansehnlicher
Länge, während er eine zweite Schnur, eben so
sorgfältig, an einem der äußersten Enden befe=
stigte. Sodann hing er das Stämmchen über
zwei, nahe einander gegenüberliegende Vorsprünge,
welche über die schroffste Seite des Felsens ein

Wenig hinausragten und ließ die Schnüre hinab fallen.

Frost und ich hatten diese Vorbereitungen mit Erstaunen betrachtet.

Sie sehen, sprach Rénard, der Stock ist fest und liegt so, daß er nicht abgleiten kann, der Riemen ist haltbar. Hegen Sie also keine Besorgnisse, sich ihm anzuvertrauen. Es giebt kein anderes Mittel, uns zu retten. Ich werde mich zuerst hinablassen. Kaum dreißig Fuß unter uns ist ein Vorsprung, auf dem ich Sie erwarten und Ihnen weitere Anweisung geben werde. Legen Sie die Büchsen neben den Indianer, der zuletzt herabsteigen wird. Wir haben zwar, meiner Meinung nach, jetzt nichts zu fürchten, es ist indessen gut, auf alle Fälle gerüstet zu sein. Wenn ich unten bin, werde ich Ihnen ein Zeichen geben, folgen Sie mir dann und nach Ihnen, Herr Frost.

Hierauf hing sich Rénard an den Riemen in der Mitte des Stammes, umschlang denselben mit seinen Füßen und glitt geräuschlos in die Leere und die Nacht hinaus.

Nach wenigen ängstlichen Augenblicken, hörte ich von unten herauf sein: „Jetzt!" ertönen.

Ich muß gestehen, daß mir bei dieser kategorischen Aufforderung nicht allzuwohl zu Muthe war und die Dunkelheit durchaus nicht geeignet erschien, meine Herzhaftigkeit zu stärken.

Ich zögerte unentschlossen einen Augenblick, aber eine zweite Mahnung: „Kommen Sie!" — rief meine männlicheren Gefühle wach. Ich wollte einen dritten Aufruf nicht abwarten. Fest faßte ich den Riemen mit beiden Händen und ließ mich langsam hinabgleiten.

Gut! sagte Rénard, sobald ich neben ihm stand. Ganz dicht bei Ihnen, ein wenig zur Rechten, ist der Eingang. Sobald Sie sich hindurchgearbeitet haben werden, denn er ist schmal, können Sie ohne Gefahr, einige Schritte zur Seite treten.

Wiederum rief er hinauf: „Jetzt!" Und gleich darauf war Frost neben uns angelangt. Auch er mußte, da der schmale Absatz nur zwei Personen Raum gewährte, sofort die Höhle betreten.

Nachdem Matura unsere Gewehre vorsichtig, eines nach dem andern herabgelassen und Rénard uns dieselben hinübergereicht hatte, folgte der Indianer uns nach.

Nach einigen Versuchen gelang es Rénard, mit Hülfe des, an dem äußeren Ende des Stammes befestigten Riemens, den Birkenstamm nicht allein aus seinem bisherigen Lager zu heben, sondern auch desselben sich wieder zu bemächtigen und somit die Art und Weise unseres Entschlüpfens, den forschenden Augen unserer Feinde gänzlich zu entziehen. Bald darauf fanden wir uns Alle wieder in der Höhle bei einander. Unser Abzug war in der That unbeargwohnt und unbelästig geblieben.

Rénard entfernte sich, indem er uns anempfahl ruhig auf unsern Plätzen zu bleiben. Wenige Minuten später, sahen wir einen Lichtstrahl gegen eine vorspringende Ecke der Höhle fallen. Es war das Zeichen ihm vorsichtig dorthin nachzufolgen. Der Weg bis dahin war kurz, aber so abschüssig und niedrig, daß wir uns, dem Schimmer des Lichtes unter Maturas Leitung folgend, auf Händen und Füßen durcharbeiten mußten; dort aber öffnete er sich zu bequemer Breite und Höhe. Hier übergab Rénard jedem von uns einige lange, aus dem fetten Holze der Pechtanne geschnittene Späne, die wir an seinem Lichte entzündeten, indem er sprach:

Wir hatten damals einen guten Vorrath solcher Fackeln für uns bereitet, die wir hier oben und unten in der Höhle aufspeicherten. Es ist seitdem Niemand hier gewesen, um Gebrauch von denselben zu machen.

Unsere weitere Wanderung begann nun unter dem Vorgange Rénards. Sie war in der That beschwerlich genug. Fußboden und Wandungen waren unregelmäßig zerrissen, und obwohl noch immer merkbar die frische Luft den Zutritt hatte, dennoch glatt und mit einem feuchten Schlamme überzogen. Obwohl hier und dort weitere Ausbuchtungen und kurze Seitengänge vorkamen, glich das Ganze doch mehr einer überdachten Felsenspalte, als einer derjenigen Höhlen, welche ich in Deutschland, England und Italien kennen gelernt hatte; deren kühne Wölbungen uns an die düstere Pracht gothischer Dome mahnen, und deren Stalaktiten, umwallt von dem dichten Rauche der Fackeln und halb beleuchtet oder gestreift von dem rothen flackernden Lichtscheine, oder halb wieder begraben in der undurchdringlichen Finsterniß, dem erregten Geiste des Beschauers den reichsten Stoff und Anhalt geben,

zur Gestaltung der wunderbarsten und ungeheuer-
lichsten Phantasiegebilde.

Hier nichts von dem Allen!

Endlich gelangten wir an dem gefährlichsten
Punkte unserer Wanderung an. Ein breiter, jäh
von beiden Seiten in die Tiefe hinabsteigender
Riß, durchschnitt quer unseren Pfad. Tief von
unten herauf tönte das geschwätzige Murmeln über
die Steine dahinhüpfender Wellen.

Rénard warf seine Fackel hinab. Einem
flammenden Sterne gleich, durchschnitt sie die
dichte Nacht, die sich über einem Abgrunde von
mehreren hundert Fußen gelagert hatte, und er-
losch als ein leuchtender Punkt zischend auf den
sprudelnden Wogen.

Jetzt ließ Rénard den Birkenstamm, der uns
vorher schon zum Hinablassen gedient und den er,
mit Hülfe Maturas bis hierher mit sich genommen
hatte, zur Erde fallen. Sodann hieb er, an
jedem Ende desselben, mit großem Bedachte, eine
platte Fläche ein, um, wie er gegen uns bemerkte,
ein etwaiges Rollen desselben zu verhindern.
Nachdem dies geschehen, warf er ihn unter Maturas Beistande, quer über den Abgrund hin-

über und sprach lächelnd: Unsere Brücke ist
fertig!

Frost und ich schauten ihn verwundert an.

Machen Sie es, wie ich! sprach er und ließ
seinen Körper bis zur Hälfte in den Abgrund
hinabsinken, indem er mit beiden Händen, fest
auf das Stämmchen gestützt, und den Oberkörper
über demselben emporhebend, Hand nach Hand
seitwärts fortbewegte, bis er die gegenüberstehende
Felsenwand erreichte und sich auf diese hinauf-
schwang.

Mir graute, als ich ihn grell beleuchtet von
dem rothen Lichte unserer Fackeln, schwebend über
dem gähnenden Abgrunde erblickte, von dessen
furchtbarer Tiefe ich so eben erst mich überzeugt
hatte. Ein Augenblick der Erschlaffung, ein
plötzliches Nachlassen der angespannten Muskeln
und der kühne Wagehals wird mit zerschmetterten
Gliedern, von dem grausigen Schlunde für immer
verschlungen.

Mein Körper war noch zu sehr verweichlicht
durch die Unthätigkeit langer Jahre; mein Geist
noch zu sehr niedergedrückt von den Folterqualen,
die mich fast dem Wahnsinne in die Arme ge-

worfen hätten, als daß die kurzen Wochen ab=
härtenden Waldlebens bereits dem Einen die
frühere Stärke und Gewandtheit, und dem Andern
die verlorene Energie und Federkraft hätten wieder=
gewinnen können.

Noch fehlte mir jenes eiserne Vertrauen auf
die Kraft meiner Muskeln und Glieder, welches
die Schwungkraft des Geistes verstärkt und ihn
der Gefahr Trotz bieten lehrt; aber auch umge=
kehrt fehlte mir noch jener unbeugsame Wille
und jener trotzige Muth, der seinerseits die Mus=
keln und Glieder zu Aeußerungen der Thätigkeit
hinzureißen vermag, welche das Maaß des Ge=
wöhnlichen weitaus übersteigen. Glauben und
Vertrauen zu sich selbst, machen dem Menschen
das scheinbar Unmögliche, in demselben Grade
ausführbar, wie der Zweifel und der Unglaube
selbst das Ausführbare zur Unmöglichkeit werden
lassen. Aber Lenker und Leiter unsers Glaubens
oder unsers Zweifels ist — die Phantasie. Unsere
Phantasie wird stets, wo wir dem Unversuchten,
dem Ueberraschenden gegenüber treten müssen, je
nachdem wir über sie herrschen, oder sie über uns,
unsere Kraft stählen oder brechen, entweder unsere

hülfreichste Retterin, oder unsere tückischste Ver-
derberin werden. Die Noth bricht Eisen; aber
nur dann, wenn die geschäftige Phantasie dem
Bedrängten hülfreich die Werkzeuge schmiedet und
in seiner Brust den Glauben aufrecht erhält, an
die eigene Kraft und die Zuversicht auf die Möglichkeit des Gelingens. Aber noch eine weitere
Macht giebt es, die unsern Geist zu spannen und
unsere physischen Kräfte zu erhöhen vermag. Das
ist die Macht des Beispiels. Oft begreifen wir
die Möglichkeit einer Sache erst dann, nachdem ein kühnerer Geist den Beweis dafür uns
geliefert hat. So erging es in diesem Falle
auch mir.

Mir selbst überlassen, würde ich vielleicht
niemals auf dies einfache Auskunftsmittel gefallen sein. Meine Phantasie würde mir die
Gefahr übertrieben, der Zweifel meinen Muskeln
die nöthige Kraft und Ausdauer abgestritten
haben. Jetzt rief das Beispiel mein Ehrgefühl
wach. Ich wollte nicht als der schlechtere Mann
erscheinen. Den Gedanken möglichen Mißlingens
unterdrückte ich mit Gewalt und erst als ich den
größten Theil des gefährlichen Pfades bereits zu-

rückgelegt hatte, fühlte ich, daß meine Kräfte
plötzlich nachzulassen begannen.

Ich mußte inne halten, meine Arme bogen
sich und meine keuchende Brust lag schwer auf
dem, unter meiner Last sich beugenden Stamme.
Eine eigenthümliche Beklemmung, eine traurige
Muthlosigkeit bedrückte mich; aber Rénards
Stimme rief mich sofort wieder aus meiner Ab-
spannung auf.

Brav gemacht! rief der alte Jäger. Brav gemacht! — Ruhen Sie einen Augenblick. So! —
Jetzt vorwärts! —

Ich raffte mich empor und strebte weiter.
Abermals mußte ich nach wenigen Fußen inne
halten, und jetzt erfaßte mich wirklich ein Entsetzen, das mein Haar auf dem Haupte empor-
sträubte und meinen Körper mit kalten Schauern
erschütterte. Meine Gedanken drehten sich wie
im Kreise, vor meinen geschlossenen Augen schienen
tausend flammende Lichter auf und nieder zu
tanzen, und obschon ich krampfhaft an dem
Balken mich angeklammert hielt, tausend Stimmen
mir lockend zuzurufen: Laß los, laß los! — Hinunter, hinunter! —

Mir war zu Muthe, als müßte ich unwiderstehlich dem Zuge ihrer Lockungen folgen und
mich hinabsinken lassen in die Wellen, die mit
geheimnißvollem Rauschen tief unter mir dahin
eilten. Es überkam mich dasselbe Gefühl, das
auch sonst wohl schon mein Auge umflort, meine
Gedanken umschleiert hatte, wenn ich hoch von
überhangenden Klippen in die duftige Tiefe, oder
von der Spitze der Kirchthürme in das Gewirr
und Gewühl volksbelebter Gassen und Plätze hin-
abgeblickt hatte. Es war dasselbe nebelhafte
Bangen und dieselbe zagende Furcht vor dem
Sturze, die sich eng verknüpfen, mit dem sehnen-
den Verlangen und der schaurigen Lust hinabge-
tragen zu werden in den Abgrund auf den Flü-
geln des Windes. Es war dasselbe träumerische
Verschwimmen, dasselbe duftige Aufgehen aller
Begriffe der Wirklichkeit, in dem seligen Ahnen
eines körperlosen Daseins und dem grausig süßen
Vorgefühle raum- und schrankenloser Freiheit und
Seligkeit. Es war derselbe stärker und immer
stärker werdende Drang, der in der Vernichtung
der Vernichtung spottend, aufzugehen strebt in den
wonnig winkenden Mysterien einer Geisterwelt,

die liebevoll geschäftig die Arme emporstreckt,
um uns an ihre Brust zu ziehen. Mit einem
Worte, es war der Schwindel, der sich meiner
zu bemächtigen drohte. —

Weiter! — Um Gottes willen, weiter wei=
ter! — rief Rénard mit ängstlich heftigem Tone.
Ich versuchte mechanisch, der Aufforderung zu ge=
horchen.

Der Jäger hatte sich auf den Boden geworfen
und seine Arme weithin nach mir ausgestreckt.
Gleich darauf fühlte ich mich ergriffen von seinen
kräftigen Händen und auf die gegenüberliegende
Wand hinaufgezogen.

Frost und der Indianer befanden sich längst
schon an meiner Seite, bevor meine heftig pochende
Brust sich beruhigt und meine erschöpften Kräfte
sich wieder eingestellt hatten.

Nachdem Rénard und Matura den Baum=
stamm auf unsere Seite herübergezogen hatten,
setzten wir die Wanderung nach der Höhle fort.
Der Erstere überließ sich jedoch nicht eher der
Ruhe, als bis er sich versichert hatte, daß die=
selbe auch von der unteren Seite her, nicht wie=
der betreten worden war, seitdem er sie verlassen

hatte. Die Steine, mit denen er und sein Vater,
den Eingang bei ihrem Abzuge verschlossen hatten,
befanden sich noch in ungestörter Ordnung.

Wir hielten hierauf eine Mahlzeit, die den
Beweis lieferte, wie wenig unser Appetit unter
den Schrecknissen und den außergewöhnlichen Anstrengungen unseres heutigen Tagewerks gelitten
habe und versanken bald darauf in einen tüchtigen, ungestörten Schlummer.

Bei unserem Erwachen waren wir, Julius
Frost und ich nicht wenig verwundert, weder Rénard, noch Matura an unserer Seite zu erblicken,
noch mehr aber erstaunt, als wir den Ausgang
der Höhle geöffnet fanden. Es war klar, daß
Beide dieselbe während unseres Schlafes verlassen
haben mußten. Nach einigen Stunden kehrten
sie zurück, einen gewichtigen Rehbock als die will-
kommene Beute ihrer Morgenjagd mit sich bringend.

Während Rénard das Wild zerwirkte und die
saftigsten Stücke desselben zum Mahle zubereitete,
war Matura eifrig, aber schweigend, mit der
Ausbesserung seiner Mocassins und demnächst mit
der Erneuerung der Kriegs-Malerei an seinem
Körper beschäftigt.

Was beginnt der große Adler? fragte ich
Rénard. Der große Adler, entgegnete dieser,
ist auf dem Kriegspfade; er schmückt sich und
wird alsbald seinen Feinden folgen und lieber
seinen Scalp lassen, als zugeben, daß einer dieser
Schufte zu seinem Wigwam wieder heimkehre.
Ich würde ihn gern begleiten, fuhr er fort, wenn
ich dem Gouverneur nicht versprochen hätte, über
Ihrer Sicherheit sorgsam zu wachen; einmal, weil
ich jetzt weiß, warum Matura ihnen mit solcher
Hartnäckigkeit folgt und sodann, weil ich meine,
wir hätten ihnen für ihren gestrigen freundschaft-
lichen Besuch, noch immer nicht hinreichende Ehre
erzeigt, obschon seitdem ihre Zahl genau um die
Hälfte geringer, Maturas Gürtel dagegen, um
eben so viele Kopfhäute reicher geworden ist.

Wie soll ich das verstehen? fragte ich.

Ganz einfach so, wie ich es gesagt habe, entgegnete Rénard lächelnd, und fuhr dann fort:

Als wir gestern auf Matura trafen, waren
ihrer noch achtzehn. Zwei davon wurden am
Nachmittage erschossen, und von jenen sechszehn,
springen jetzt noch acht durch die Wälder.

Und woher wißt Ihr das so genau, und wie wäre das zugegangen? fragte ich weiter.

Der Jäger erwiderte: Ganz einfach! Nachdem Sie nämlich gestern Abend mit Herrn Frost hier in der Höhle zur Ruhe gegangen waren, verließen Matura und ich dieselbe, um den Burschen ein wenig auf die Finger zu sehen. Die dummen Teufel glaubten uns noch immer auf der Felsplatte im Sacke zu haben und die Jagd auf uns ganz gemächlich auf den folgenden Tag verschieben zu können. Sie hatten sich also damit begnügt, eine Wache in die Nähe des Ueberganges zu stellen und lagen einige hundert Schritte davon, neben dem verglimmenden Lagerfeuer, ganz bequem hingestreckt im tiefsten Schlafe; ohne eine Ahnung davon zu haben, daß wir ihnen schon längst im Rücken waren. Ihre Flinten standen auf zehn Schritte von ihnen, und zwar in zwei Partien dicht an den Absturz des Felsens gelehnt. Es war gerade als ob die Verblendeten uns das Spiel hätten leicht machen wollen zu ihrem Verderben. Wir stürzten die Waffen den Abhang hinunter und ließen ohne Zeitverlust den Tomahawk unter den auftaumelnden Schläfern recht

wirksam arbeiten. Diese sprangen in der ersten
Verwirrung nach ihren Gewehren; wir aber,
durften es nicht wohl, wegen ihrer großen Ueber-
zahl, auf ein Handgemenge ankommen lassen und
zogen uns schnell hinter die Bäume zurück. Von
dort aus pfefferten wir so lustig unter sie, daß
wir den Lagerplatz bald rein gefegt hatten. Die
Brut verschwand, wahrscheinlich um ihre verlo-
renen Waffen zu suchen, ohne daß uns ein Schaden geschehen wäre.

Als wir das Schlachtfeld endlich in Augen-
schein nehmen konnten, fanden wir auf demselben
fünf mit dem Tomahawk Erschlagene, drei Er-
schossene und auch den Burschen, den Matura
gestern, wie eine Krähe von dem Baume geschossen
hatte. Er war durch ein zerschmettertes Knie
am Davonlaufen verhindert worden. Maturas
Tomahawk machte mitleidig seinem Leiden ein
Ende und auch seine Scalplocke prangt neben
denen seiner Genossen, am Gürtel des großen Adlers.

Empört von der Rohheit und Gleichgültigkeit,
mit welcher Rénard von der Vernichtung so vieler
Mitgeschöpfe sprach und seine Freude an derselben
kundgab, wandte ich mich von ihm ab.

Nachdem wir uns an einem trefflichen Mahle
gelabt, ward beschlossen unsere Wanderung fort=
zusetzen. Matura wollte am Ausgange des Thales
von uns scheiden, um seinen Rächerpfad fortzusetzen.

Er und Rénard verschlossen nach unserm Aus=
tritte sorgfältig wieder den Eingang zur Höhle
und vertilgten mit Umsicht alle Spuren unserer
stattgehabten Anwesenheit.

Wir hatten soeben das Thal bei dem vor=
erwähnten Wasserfällchen durchschnitten, als hinter
den Felsen in unserem Rücken plötzlich eine An=
zahl Schüsse auf uns abgefeuert wurde und das
wilde Kriegsgeschrei der Indianer die Luft durch=
heulte. Frost wurde von einer Kugel am rechten
Oberarme verletzt; eine andere schlug sich platt
an dem Metallbeschlage meiner Büchse.

Der Kampf zwischen uns und der feindlichen
Partei entbrannte auf das Neue und endete end=
lich mit völliger Vertilgung derselben. Auch Ré=
nard und Matura wurden, jedoch glücklicher Weise
nur leicht, verwundet.

Dieser Umstand nöthigte uns, abermals die
verlassene Höhle aufzusuchen und in derselben
noch über acht Tage zu verweilen.

Während dieser Zeit erfuhr ich, was den großen Adler hierher geführt hatte. Es war eine wilde, traurige Geschichte, obschon sie zu einer Zeit, wo alle die unbändigen Leidenschaften der Eingeborenen geflissentlich zu ihrem Verderben aufgestachelt wurden, nichts Außergewöhnliches bot.

Maturas Stamm mochte ungefähr 200 See=len zählen. Während er mit seinen Kriegern, vierzig an der Zahl, ausgezogen war, um den Franzosen gegen die Engländer Hülfe zu leisten, war eine Seuche in der Niederlassung ausgebro= chen, welche unter den Zurückgelassenen furchtbar gewüthet hatte. Die Gesundgebliebenen, unter ihnen auch Maturas Weib und sein dreizehnjäh= riger Knabe, wechselten ihren Wohnsitz, indem sie weiter abwärts an dem See zogen. Noch ehe sie aber die, zu ihrem ferneren Aufenthalte erwählte Gegend erreicht hatten, wurden sie von einer feind= lichen, mit den Engländern verbündeten Indianer= schaar während der Nacht überfallen und sämmt= lich niedergemacht.

Von der Schaar, welche mit Matura ausge= zogen, war ein großer Theil ein Opfer der Blat= tern geworden, ein anderer aber im Kampfe ge=

fallen. Nur mit zehn Ueberlebenden kehrte Matura
nach seinem Dorfe zurück. Er fand es verödet.
Er stimmte die Klage über die Todten an und
folgte der Spur der Ueberlebenden. Wenige Tage
später gelangte er an die Stätte des Verderbens,
wo er sein Weib, sein Kind und den Rest seines
Stammes ermordet, verstümmelt, den Vögeln des
Himmels und dem Raubgethier des Waldes, als
Beute überlassen fand. Er bestattete die Todten
und den Mördern folgte sein rächender Fuß. Er
heftete sich an ihre Sohlen mit dem spähenden
Blicke des Adlers, mit der List des Fuchses, mit
der Blutgier des Wolfes, unablässig, unerwartet
und selbst unfaßbar; aber weder das Licht des
Tages, noch das Dunkel der Nacht gab seinen
Feinden Schutz vor ihm. Aus zweiundsechszig
Männern hatte die feindliche Bande bestanden,
als Matura zuerst ihre Fährte fand und die Gebeine des Letzten von ihnen moderten in dem
Bereiche der Höhle. Keiner von ihnen hat die
Schwelle seines Wigwams wieder betreten. Aber
auch Matura war der einzig Uebriggebliebene
seines eigenen Stammes.

Während wir in aufgedrungener Muße die

Heilung unserer Verwundeten abwarteten, berich-
teten Rénard und der große Adler viel aus der
Zeit, welche sie mit einander als Jünglinge ver-
lebt hatten. Der Schauplatz ihrer jugendlichen
Abenteuer war die Umgebung der großen Seen
gewesen. Mit wahrhaft ergreifender Erhabenheit
schilderte Matura die Jagdgründe seines Volkes.

Dort hauste in den Schluchten der Berge
einsam der trotzige Bär und das schnellfüßige
Elenn weidete in seinen Thälern. Des Bisons
Heerde, zahllos wie die Blätter des Waldes,
raste in wildem Umgestüm zur Tränke an die
Ufer und der stolze Hirsch schritt bedächtig hinab
zu den Strömen und Quellen. Dort brütete die
wilde Taube, deren Züge die Sonne verfinsterten
und deren Nester die Zweige der Bäume zerbrachen
mit wuchtiger Last, und des Whipp poor Will
sanfte Klage klang durch die Nacht. Dort füllte
die Spottdrossel, welche in neckischem Uebermuthe
die Stimme aller Vögel nachahmt, am Tage die
Wälder mit ihrem süßen Gesange; und der wilde
Truthahn, mit dem saftigen, schmackhaften Fleische,
mästete sich von den Früchten der Eichen und
Buchen. Dort gedieh der Mais in üppigster

Fülle auf sonniger Lichtung und mit undurch-
bringlichem Schatten ruhten die mächtigen Kronen
des Waldes über den stolzen Säulenstämmen,
wie nirgends sonst. Dort ketteten sich ungeheure
Seen an einander, voll der schönsten Fische, und
ihrem Schooße entsprangen mächtige Ströme, und
mächtige Ströme endeten in ihren unermeßlichen
Becken ihren Lauf, brausend hinabstürzend über
jähe Felsen.

Dort lag der Algona (der obere See), mit
seiner kristallhellen Fluth und unergründlichen
Tiefe, inmitten seiner wildzerrissenen Felsenufer,
durch deren Klüfte zahllose reißende Waldströme
in ihn hinabstürzen. Dort der fischreiche, tausende von Stunden im Umfange haltende Kare-
gnondy (Huron See), der unersättlich, auch den
fernen Nipissing noch in sich aufnimmt. Dort
der sturmgepeischte Michigan, dort der inselnum-
fluthende Tejocharontiong oder Eriesee, der endlich zum Niagara wird und seine zusammenge-
preßten Fluthen wild empört, in rasendem Toben
hinabschleudert in den Skanadario oder Ontario,
den kleinsten, aber schönsten und lieblichsten, aller
dieser herrlichen, mit einander verbundenen Ge-

schwisterseen; welcher wiederum seine Wasser alle
ausgießt, in den mächtigen, mit stolzen Strom-
schnellen dahin stürzenden Lorenzostrom, der
seinerseits mit der reichen Fülle seiner Fluthen
den großen Salzsee im Osten, den atlantischen
Ocean speist.

Zu diesen reichgesegneten Fluren hatte Ma-
nitu die geliebtesten seiner Söhne, die Väter von
Maturas Stamme vor vielen, vielen Wintern,
von den Ufern des großen Salzsees im Westen
geführt und die reichen Jagdgründe ihnen zu
Eigen gegeben, lange, lange bevor die weißen
Männer an der Küste des großen Salzsees im
Osten, auf den beflügelten Schiffen gelandet
waren. Mit feuriger Beredsamkeit sprach er von
der glänzenden Vergangenheit, mit inniger Wehmuth von dem gegenwärtigen Verfalle seines
Volkes. Der schlichte, rohe Sohn der Wildniß,
stets ein warmer Lobredner der Vorzüge seiner
herrlichen Heimath, ward zum begeisterten Dichter
wenn er von dem Falle des Niagara zu sprechen
begann, dessen Sturz die Erde erschüttert, dessen
Brausen die Stimme des Donners übertönt, dessen
sprühender Schaum emporsteigt, gleich dem Ge-

wölfe an den Bergen; und Claude Rénard, der
abgehärtete Jäger, stimmte nicht allein in seine
Lobpreisungen mit ein, sondern übertraf ihn noch
weit an enthusiastischem Schwunge des Ausdruckes
seiner Bewunderung.

Obschon die Franzosen vor noch nicht langer
Zeit, am Ufer des Niagara ein Fort gleichen
Namens angelegt hatten, so mochten dennoch
bisher wohl nur wenige Europäer bis zu den
Fällen selbst vorgedrungen sein und ihr staunendes Auge an der überwältigenden Erhabenheit
und schauerlich wilden Großartigkeit dieser Natur-
erscheinung geweidet haben. Frost und ich, die
wir ja eigentlich keinen andern Zweck hatten, als
der Jagd und der Befriedigung unseres Wissens-
und Reisedurstes obzuliegen, glaubten uns nicht
von diesem Zwecke zu entfernen, wenn wir zu-
nächst den Weg nach den großen Seen, den ge-
priesenen Jagd= und Fischerei Revieren Maturas
einschlügen.

Die Gefechte mit den Irokesen, die aufregen-
den Gefahren, welche ich bisher in und außer der
Höhle bestanden, hatten, trotz der beschämenden
Schwäche, die mich einst befallen, dennoch meinen

6 *   ·

Geist in eine so ekstatische Stimmung hinauf ge-
schraubt, daß ich mich förmlich nach Gefahren
sehnte und lüstern nach Strapazen und Beschwerden ausschaute. Es kam mir gar nicht mehr in
den Sinn zu glauben, daß die ersteren unglücklich
für mich enden könnten, oder die letzteren nicht
lediglich dazu dienen müßten, meine Kräfte zu
stählen und meine Ausdauer gegen alle Schwierig-
keiten probehaltig zu entfalten und zu erhärten.

Mein Vorschlag, die Seen und den Niagara
zu besuchen, traf bei Julius Frost das günstigste
Entgegenkommen und Matura, wie Claude Rénard zeigten sich sofort bereit, die Führerschaft
gemeinsam zu übernehmen. Daß ich trotzdem,
wenigstens für den Augenblick das Ziel unserer
Reise nicht erreichen, den Niagara nicht erblicken
würde, fiel keinem von uns ein; ebenso wenig
aber auch, daß mir zur Entschädigung dafür,
mein freundliches Geschick für lange Jahre hinaus
eine glückliche Heimath, an den lieblichen Ufern
des Ontario vorbestimmt haben würde.

Die Mühseligkeiten, denen wir uns auf dieser
Reise unterziehen mußten, waren in der That
nicht gering, wurden aber fröhlichen Muthes er-

tragen. Steile Gebirgsrücken mußten überstiegen,
zahllose reißende Bäche und Ströme durchschwom-
men und übersetzt, pfadlose Sümpfe durchwatet
oder umgangen, endlose Wälder durchschritten
werden, ehe wir an dem Lorenzostrome und den
Ufern des Ontario ankamen. In jeder Schwierig-
keit mußte die Umsicht und die Energie unserer
Führer überall die einfachsten Mittel zu finden,
um allen Hindernissen siegreich entgegen zu arbeiten;
und der Scharfsinn, den sie in Auffindung derselben entwickelten, war wahrhaft bewunderungs-
würdig.

Frost, vom Hause aus zum Wald- und Waid-
werke erzogen, fand sich mit überraschender Leich-
tigkeit in die wechselvollen Beschwerlichkeiten unseres Zuges. Die ausdauernde Kraft, die beson-
nene Ruhe und Umsicht, welche er überall und
immer bethätigte, erwarben ihm bald die entschiedenste Achtung unserer Führer, welche einerseits
die Sicherheit seines Schusses, andererseits den
Scharfsinn, mit welchen er Spuren entdeckte und
verfolgte, ehrend anerkennen mußten. In weit
geringerem Maße war das mit mir selbst der
Fall, obschon auch ich mit Vergnügen wahrnahm,

wie meine Fähigkeiten mit der Uebung wuchsen und meine geistige, wie meine leibliche Gesundheit und Rüstigkeit, zusehends zunahm und erstarkte.

Endlich in der Frühe eines schönes Tages gelangten wir durch ein dichtverwachsenes Thal, an den steilen Abhang eines Berges. Matura, der die Leitung übernommen hatte, führte uns auf den Gipfel desselben und durch das, ihn dicht bedeckende Gebüsch zu einer ihm bekannten, kleinen Lichtung. Dort angekommen, streckte er halb nach uns sich umwendend, den rechten Arm weit hinaus und sprach einfach: Skanadario!

Ja, es war der Ontario, dessen leicht vom Morgenwinde gekräuselte Wellen, beleuchtet von den Strahlen einer glänzenden Sonne, unter uns aufleuchteten. Ja, es war der Ontario, der schöne See, im glänzenden Schmucke seiner herrlich geformten, belaubten Ufer; die schöne Wiege meines künftigen Glückes, die traurige Bahre aller meiner irdischen Freuden und Hoffnungen. Es war der Ontario, nach dem sehnsuchtsvoll bis zum letzten Hauche meines Daseins mein thränenumhülltes Auge blickt und von dem schaudernd das schmerzerfüllte Herz sich abwendet in wilder Verzweiflung! —

Wir standen Alle schweigend, in dem bewun=
dernden Anstaunen dieser Lieblichkeit und Anmuth
des Gewässers verloren, dessen äußerste Begrenzung
sich unsern Blicken entzog. Zu unserer Rechten
sprang hoch und mächtig ein weites Vorgebirge
tief in den See hinein, das uns die Aussicht über
einen bedeutenden Theil desselben benahm. Auf
ihm ruhte unwillkürlich mein Auge seit geraumer
Zeit, bis es plötzlich von den leichten, blauen Wölk=
chen eines, über den dunklen Wipfeln des Waldes
aufsteigenden Rauches angezogen wurde.

Was ist das? fragte ich erstaunt.

Der Rauch des Feuers aus dem Wigwam,
eines weißen Mannes, sprach Matura.

Also ist dort eine Ansiedlung? fragte ich wei=
ter. Und wer wohnt dort?

Seit zwei Sommern, entgegnete Matura, der
große Marquis und seine Tochter, die weiße
Rose.

Was war natürlicher, als nach so langer, mü=
hevoller Wanderung, die Gastfreundschaft der neuen
Ansiedler in Anspruch zu nehmen!

Wir schritten den Hügel hinab und wandten
unsre Schritte nach la tête Indienne; erreichten

jedoch erst am späten Nachmittage die Ansied=
lung. Ich war erstaunt über die Ausdehnung der
Lichtungen, die in so kurzer Zeit bewerkstelligt
waren, noch mehr aber über die Größe und den
Umfang des Blockhauses, das der neue Ankömm=
ling errichtet hatte; obgleich ich durch den Indianer erfahren hatte, daß demselben ganz außerge=
wöhnliche Mittel zu Gebote gestanden hatten.

Als wir uns dem Hause näherten, trat uns
aus demselben ein hoher, rüstiger Greis entgegen,
der, indem er uns willkommen hieß, und zum Ein=
treten nöthigte, sich als den Besitzer der Ansied=
lung zu erkennen gab.

Bei seinem Erscheinen erreichte mit Ausschluß
Maturas, der den grand marquis schon früher
gesehen hatte, unser Erstaunen den höchsten Grad,
da wir unmöglich darauf gefaßt sein konnten, hier
von einem Manne in der reich gewähltesten Hof-
kleidung empfangen zu werden. Auch Claude
Rénard nahm, wie ich gestehen muß, die Sache
ziemlich kaltblütig; Frost jedoch und ich konnten
uns nicht entbrechen, sehr ausdrucksvolle, verglei-
chende Blicke auf unsere höchst anspruchslose, durch
Wetter und Wind, Staub und Schmutz, unge=

mein unanſehnlich gewordene Jagdkleidung zu
werfen. Dieſe Blicke ſchien indeſſen außer uns
Beiden niemand zu bemerken, am allerwenigſten
der grand marquis.

Höflich öffnete er uns die Thür eines Zimmers
und eine eben ſo reich und vornehm wie er ſelbſt
gekleidete Dame, erhob ſich bei unſerm Eintritte
von einer causeuse, auf welcher ſie, mit einem
Buche in der Hand, geruht hatte.

Meine Tochter Céleſte! ſprach der Marquis.

Gerechter Gott! Durfte ich, konnte ich mei=
nen eigenen Augen, meinen eigenen Sinnen trauen!
— War dieſe Dame wirklich die Gräfin Dolgo=
bow? —

Meine Ueberraſchung, meine Beſtürzung waren
grenzenlos und das befremdliche Benehmen der
Dame vermehrte nur allzu ſehr noch die Aufre=
gung, in der ich mich befand. Sie hatte anfangs
einen leichten, kalten Blick über uns hingleiten
laſſen, dann aber, überraſcht ihr Auge feſt und
prüfend auf mein Antlitz gerichtet, mit jenem Aus=
drucke des Sinnens, als haſche oder ſuche ſie in
ihrer Erinnerung, nach einer Aehnlichkeit mit ir=
gend einer bekannten Perſon. Da plötzlich über=

zog sich ihr feines, weißes Antlitz mit dem glü=
hendsten Purpurscheine und unwillkürlich einen leich=
ten Schrei ausstoßend, floh sie in heftiger Auf=
regung aus dem Zimmer.

Der alte Herr blickte ihr verwundert nach, ohne
sich jedoch in den vorsorglichen Anordnungen stö=
ren zu lassen, welche er für unsere Bequemlichkeit
zu treffen, für geeignet erachtete. Auch bei der
Abendmahlzeit leistete er uns Gesellschaft. Die
Dame erschien nicht wieder.

Was für eine Nacht sollte ich abermals durch=
leben? — Sie ist es, sie ist es! jauchzte es em=
por in meiner Brust und hell loderte in meinem
Busen das Feuer der Liebe wieder auf, das ein=
mal schon so heftig mich erfaßt hatte, aber unter
den verhängnißvollen Ereignissen der nachfolgen=
den Minuten erstickt worden war. Nein, es war
nicht erstickt, es war nicht erloschen! Nur die
kalte Asche des Grausens und des Entsetzens, der
Reue und der Büßung, hatte sich darüber gelagert.
Der erste leise Windhauch jener lockenden Hoff=
nung, sie wiedergefunden zu haben, hatte die Asche
hinweggeblasen und der glimmende Funke brach
von Neuem aus zum verzehrenden Brande.

Sie ist es nicht, sie kann es nicht sein! sprach
das garstige Ungethüm, der Zweifel, der wie die
Spinne in jeder Ecke lauert und überall sofort
sein Netz ausspannt, wo der warme Pulsschlag
der Freude und des Glückes beseligend das Men-
schenherz erwecken und durchglühen will; — der
vorsichtig erst herumtastend mit den langen, grau-
senerregenden Füßen, die Haltbarkeit der Fäden
prüft, bis er erbarmungslos in schnellem Sprunge
das vertrauensvolle Opfer packt und in tobt-
bringender Umschlingung zermartert und sein
Herzblut saugt. Mit tausend gierigen Augen be-
wacht er jede Regung des Unglücklichen; wenn
eine Fiber zuckt, erfolgt ein lähmender Schlag der
schrecklichen Krallen; wenn ein Glied sich rührt,
wird es hundertfach umschlungen und eingeschnürt
mit unzerreißbaren Fesseln, bis endlich widerwillig
oder nicht, all' der Kampf und alle das Ringen
der unglücklichen Beute erstirbt und aufgeht in
der ohnmächtigen, regungslosen Ergebenheit unter
die furchtbare Uebermacht des schonungslosen Be-
drängers. — Das ist der Zweifel und Wehe dem,
der ihn selbst zum Kampfe herbeiruft! —

Sobald eine Hoffnung sich regen wollte in

meiner Brust, schlug sie der Zweifel erbarmungs-
los darnieder. Wenn sie schmeichelnd sprach: Dein
Auge hat sie geschaut, Dein Herz sie erkannt! er-
widerte der hämische Zweifel: Was hat das schöne,
jugendliche Weib, was hat die Zierde und der
Schmuck der Höfe, zu suchen in der Wildniß der
Huronen? — Dein Auge hat Dich belogen, Dein
Herz hat Dich getäuscht. Und wiederum sprach
die Hoffnung: Sie ist es doch! und sie hat auch
Dich wieder erkannt! — Aber der Zweifel höhnte:
Bist Du ein Narr geworden und ein Geck? Weil
Du vor Jahren das Glück hattest, ihr einige Male
nahen zu dürfen, als Du ihr Portrait pinseltest;
meinst Du, daß sie darum noch heute Deine Züge
im Gedächtnisse bewahren müsse, wie Du die Ihren? — und daß sie heute noch in dem wetter-
gebräunten, seit Monaten von keinem Scheermesser
berührten Antlitze des Jägers, die bleichen Züge
des Malers herauszufinden vermöge? — Thor,
armseliger, eitler Thor! — Was wär' es denn aber
weiter, wenn dem auch wirklich so wäre, und wenn
sie Dich nun wieder erkannt hätte? — Sage mir
doch, warum sie erschrak, warum sie entfloh? —
Weil sie Dich verachten, weil sie Dich hassen muß,

als den Zerstörer ihres Glückes; weil sie Dir flu=
chen muß, als dem Mörder des geliebten Gatten! —

Sollte ich fliehen? — Durfte ich bleiben? —

Von solchen Gedanken und Gefühlen wurde
ich rastlos auf meinem Lager hin und her gewor=
fen, bis endlich, lange nach Mitternacht, der Schlum=
mer mich gefangen nahm.

Als ich erwachte, hatte Frost, der das Zimmer
mit mir getheilt hatte, dasselbe schon verlassen.
Ich sprang auf und war mit meiner einfachen
Toilette kaum zu Stande gekommen, als an meine
Thür geklopft wurde und der Herr des Hauses
selbst zu mir eintrat. Er führte mich zum Früh=
stückstische, um den ich meine Reisegenossen bereits
versammelt fand. Seine Tochter fehlte wiederum
an demselben.

Nach eingenommenem Mahle wollten wir auf=
brechen, aber der Marquis bat so freundlich, un=
sern Aufenthalt noch zu verlängern, daß wir sei=
nem Wunsche willfahren und ihn zur Besichtigung
seiner Anlagen begleiten mußten.

Auf diesem Wege wußte er scheinbar absichts=
los es so einzurichten, daß wir Beide bald allein mit
einander waren und eben so unmerklich wußte

er das Gespräch auf meine Reisen, meine Absich-
ten und meine früheren Verhältnisse zu führen.
Ich kam ihm hierin mit Offenheit entgegen, ohne
jedoch diejenigen Gründe, welche mich bewogen
hatten, mich an Julius Frost anzuschließen, weiter zu berühren. Ich mußte bemerken, daß er bei
der Erwähnung meines Namens und Standes als
Maler stutzte und erregt schien. Und waren Sie,
fragte er zögernd, nachdem ich geendet hatte, vor
Ihrer Abreise von Rom, wohl auch einmal in
St. Petersburg? —

Ich bejahte ganz einfach diese Frage.

Dann, mein Herr, entgegnete er schnell, hat
sich meine Tochter dennoch nicht geirrt, wenn sie
Sie gestern zu erkennen glaubte. O seien Sie uns
tausend — tausendmal willkommen! fuhr er lebhaft fort, indem er meine Hand ergriff und herzlich drückte. Lassen Sie uns, mich, wie meine
Tochter, den innigsten Dank gegen Sie aussprechen, für das edle Benehmen, das Sie gegen einen
Unglücklichen beobachteten, der uns so nahe ange-
hörte und dessen trauriges Verhängniß Sie leider
nicht abzuwenden vermochten.

O mein Gott! rief ich in leidenschaftlicher Erregung. So war, so ist jene Dame, welche ich gestern sah, wirklich die Gräfin Dolgobow?

Sie ist es, sprach der Marquis, und Sie, mein Herr, müssen ihr verzeihen; wenn die, durch Ihr unvermuthetes Erscheinen hervorgerufene Ueberraschung sie verhinderte, Sie gestern schon zu begrüßen und willkommen zu heißen. Aber auch sie war ihrer Sache nicht ganz sicher. Jetzt, nachdem ich ihr diese frohe Gewißheit bringen kann, wird sie mit Freuden Sie empfangen. Ich bitte Sie, mein Herr, mir gefälligst zur Frau Gräfin folgen zu wollen, die mit Ungeduld unsrer Rückkehr entgegen harrt.

Ich befand mich in der grenzenlosesten Verwirrung. Mein Herz und meine Gefühle flogen ihr entgegen, während die Erinnerung an alle die entsetzlichen Vorfälle, welche sich zwischen uns gelegt hatten, mich gewaltsam zurückhielt.

Was aber vermochte die todte, blasse Erinnerung, gegen die lebendige, blühende Wirklichkeit, die meine Leidenschaft mir mit den glühendsten Farben vor die Seele zauberte! Ueber alle die Gründe, mit welchen die nüchterne Vernunft mich zurückhalten wollte, trug mich die Leidenschaft

triumphirend hinweg. Sie wiedersehen! Das war
der einzige Gedanke, der mich beherrschte. Ich
würde der Vernichtung getrotzt haben, hätte man
mich von ihr zurückhalten wollen.

Ach, ich schäme mich dieses Geständnisses, denn
ich habe für dies Uebermaß zügelloser Leidenschaft,
nicht einmal die Entschuldigung der Jugend an-
zurufen. Ich war ein Mann, der die Hälfte jener, dem Menschen gewöhnlich zugezählten Lebens-
jahre, schon längst überschritten hatte. Einst hatte
ich Anna, mein verlorenes Weib, glühend heiß
geliebt, in jener Zeit, wo der Sonnenschein der
Jugend das Blut erhitzt, das Herz durchglüht,
die Phantasie entzündet. — Ich hatte sie so wahr
geliebt, daß kein anderes Bild in meinem Herzen
Platz gefunden, seitdem ich ihren Tod beklagen
mußte. Aber was war diese Liebe meiner Jugend,
gegen die wilde Raserei, welche sich der Sinne des
gereiften Mannes bemächtigt hatte? — Laues Wasser gegen geschmolzenes Gold! — milder Zephyr
gegen die vernichtende Windsbraut!

Unfähig eines klaren Gedankens, folgte ich dem
eilig voranschreitenden Vater zu dem Gemache der
Tochter. Aber im Angesichte der Thür, die sie

meinen Blicken verbarg, entfiel mir plötzlich der
Muth und zitternd wie ein Schulknabe, mußte ich
ihr gegenüber treten.

Eine Befangenheit, der meinen ganz ähnlich,
schien indessen auch auf der Brust der Dame zu
lasten, als sie in abgerissenen Worten mich be-
grüßte und mir das Vergnügen bezeugen wollte,
welches unser Zusammentreffen ihr bereite.

Was ich entgegnete, weiß ich nicht; wohl aber
ist mir erinnerlich, daß, so unermüdlich auch der
Marquis versuchte, eine Unterhaltung in den
Gang zu bringen oder die begonnene im Flusse
zu erhalten, seine Bestrebungen stets kläglich an
unserer Einsilbigkeit zerschellten.

Ich wüthete innerlich gegen mich selbst und
meine schülerhafte Verlegenheit. Ich wollte meinen
Geist mit Gewalt zum Nachdenken zwingen über
das, was ich sagen könnte; aber ich fand entweder nicht, was ich suchte, oder wenn ich es endlich
gefunden hatte, so war über dem Suchen und
Grübeln der Moment verstrichen, in dem ich es
hätte aussprechen sollen. Meiner Beziehungen zu
Dolgobow wurde mit keiner Silbe gedacht; sie
waren für einen jeden von uns mehr als peinlich.

So verstrich die Zeit und ich erhob mich endlich, um stotternd mich zu empfehlen und Abschied zu nehmen für meine Weiterreise.

Der Marquis that lebhaft Einspruch dagegen; ich behauptete die Unmöglichkeit, länger noch verweilen zu dürfen, da anderweite Verpflichtungen mir keine Zögerung gestatteten.

Während ich mich abmühte, meine Lüge wahrscheinlich zu machen, betrachtete mich die Gräfin mit ernsten, forschenden Blicken. Dann trat sie zu mir heran und leise ihre schöne Hand auf meinen Arm legend, sprach sie:

Sie hintergehen uns, um von uns loszukommen. Wollen Sie uns wirklich nicht einige Tage schenken, wenn auch **ich** meine herzliche Bitte mit der meines Vaters vereinige? — Ich bitte Sie bringend, uns diese Gunst nicht zu versagen.

Mein Widerstand brach an dem Zauber dieser Stimme, meine Kraft erlahmte, an dem flehenden Blicke, den ihr Auge in das meine senkte.

Ich versprach, zu bleiben. —

Ich hätte wohl bleiben müssen, auch wenn ich es nicht versprochen hätte! Denn bei dem Zurückschreiten über die Schwelle, trat ich so unglücklich

fehl, daß ich mir den Fuß im Knöchel verrenkte
und vorläufig jeder Gedanke, an die Fortsetzung
meiner Reise, von selbst schwinden mußte.

Rénard sowohl, wie der sachverständige Matura erklärten, daß Wochen verstreichen müßten,
ehe ich den verletzten Fuß wieder würde gebrauchen
können. Ich selbst fühlte das und — freute mich
im innersten Herzen über den Zufall, der mich hier
festhielt. Beide Männer bestanden darauf, ihre
Reise fortzusetzen, da ihr weiteres Verweilen mir
nicht von Nutzen sein könne. Ich war heimlich
entzückt darüber, sie los zu werden. Frost wollte
mich nicht verlassen, um mir seine Pflege widmen
zu können. Ich wünschte ihn im Stillen zu allen
Teufeln, und es gelang mir endlich, ihn davon
zu überzeugen, daß ich in der That seiner nicht
bedürfe. Am folgenden Morgen setzten alle Drei
ihre Reise nach der Wasserfällen fort.

Zwei von ihnen sah ich niemals wieder. Matura und Rénard schlugen, nachdem sie Frost bis
in die Nähe von la tête Indienne zurückbegleitet
hatten, den Weg nach dem Innern ein. Wie ich
in späteren Jahren hörte, haben sie von da ab
sich nicht wieder getrennt und sind Beide, in den

7*

Kämpfen gegen die Engländer, die der Uebergabe des Forts Henry voraufgingen, gefallen.

Ich übergehe mit Schweigen die Tage, die mich an das Lager fesselten; selige, wonnereiche Tage, denn Céleste und der Marquis saßen neben demselben, mir die liebevollste Aufmerksamkeit widmend. Ich übergehe die Zeit, die jenen Tagen folgte, und jene mählig sich erweiternden Spaziergänge an der Seite Célestes, wie jene köstlichen Ruhestunden, auf der Klippe bei der einsamen Tanne, über deren Wipfel noch immer glückverheißend der Adler mit gewaltigen Schwingen seine Kreise zog; ich übergehe mit Schweigen jene träumerisch süßen Stunden, wo im Widerscheine der sinkenden Sonne, die blauen Wellen des Ontario, in purpurrothem Scheine flammend, den leichten Nachen wiegten, der mich trug und mein Glück! Sie, deren schönes, reiches Herz sich dem meinen geöffnet hatte, in seligem Vertrauen — mich, der die Fülle seines überquellenden Herzens in das ihrige ergoß.

Als Frost, dessen Excursion sich durch verschiedene Zwischenfälle weiter ausgedehnt hatte, als ursprünglich in der Absicht lag, nach Verfluß meh-

rerer Monate und gegen den Anfang des Herb=
stes nach la tête Indienne zurückkehrte, um dort
Erkundigung einzuziehen, wohin ich mich gewen=
det haben könnte, stellte ich ihm, dem Ahnungs=
losen, zu seiner höchsten Ueberraschung, die Gräfin
Dolgobow, als meine Gemahlin vor.

Céleste war seit Wochen schon mein angebete=
tes Weib! Céleste, die, als ich meine Liebe ihr
entdeckte, ganz einfach zu mir sprach:

Ich bin Dein Eigenthum, das Du gewonnen
hast im Spiele. Und obschon die Scham und die
Verzweiflung mich zur Flucht über das Meer ge=
trieben, Dich habe ich nie gehaßt. Nimm Dein
Eigenthum, da Du es wiedergefunden. Ich will
Dein treues Weib sein, bis der Tod uns von
einander scheiden wird, denn ich, ich liebe Dich! —

Ich übergehe auch mit Schweigen die Jahre
der Seligkeit, die diesen Tagen folgten, zehn Jahre,
die mir in ungetrübtem Himmelsglanze vorüber=
zogen. Ein liebendes Weib ruhte an meiner
Brust, ein lockiger Knabe und ein wonniges Mäd=
chen, das Ebenbild der geliebten Mutter, schaukel=
ten sich auf meinen Knieen. Der Marquis war
mir ein verehrter Vater geworden; Frost ein zu=

verlässiger, treuer Freund geblieben. Ich hatte Alles, was das Leben schmückt und was ich so schmerzlich entbehrt im Leben — Heimath, Freund, Weib und Kind. Mit einem Worte, ich war glücklich, vollkommen glücklich.

Ich muß diese Zeit überspringen, denn ich vermag es eben so wenig, die erhabenen Gefühle, die damals mich durchströmten in Worte zu kleiden, als der Pinsel des Malers es vermag, den Glanz der Sonne durch die Farbe wieder zu geben. Das Wort ist kalt, die Farbe matt. Das Schweigen ist der Gott der Glücklichen! —

Nur das Leid ist geschwätzig in der Klage; denn es sucht Trost und Beruhigung in dem Ausschreien seines Schmerzes und findet Heilung und Genuß' in der Zergliederung desselben. Aber die Zunge des Glücklichen ist stumm. Das Leid ist das Gemeingut der ganzen Welt; das Glück, das untheilbare Eigenthum des Einzelnen. Die Beredsamkeit des Schmerzes findet ihren Wiederhall in jeder Brust; aber das Jauchzen und Jubeln des Glücklichen findet kein Verständniß, selbst in dem treuen Busen des Nächsten. Dem Unglücke zollt man das Mitgefühl, nicht dem Glücke. Das Unglück wird nicht profanirt durch die Klagen des Unglücklichen; aber das Glück wird entweiht durch die geschwätzige Mittheilung des Glücklichen.

Zehn Jahre unaussprechlichen Glückes waren mir vorüber geeilt, als ich, wie vor erwähnt, mit meinem Schwiegervater nach dem Hafen hinabschritt, um die Neuigkeiten zu vernehmen, welche Julius Frost für uns von Montréal mitbringen würde.

Es war wenig Erfreuliches, was wir verneh= men mußten.

Der Krieg gegen Englands Ansprüche auf Ca= nada, der sich bereits bis in das dritte Jahr hin= eingeschleppt hatte, wüthete hauptsächlich zwischen dem Hudson und den benachbarten Seen mit der fürchterlichsten Grausamkeit fort. Montcalm war mit einem zahlreichen Heere an den Ufern des Champlain hinaufgezogen und dem General Webb gegenübergetreten, der eine Reihe mehr oder min= der bedeutender Befestigungen und Forts, an der südlichen Seite des Bergrückens im Besitze hatte, welcher sich zwischen den Seen und dem Hudson, da wo derselbe schiffbar zu werden beginnt, hin= zieht. Webbs, wie Montcalms Heere wurden durch indianische Banden verstärkt, und die Er=

zählung jenes Krieges würde eine Geschichte der unerhörtesten Greuel und Schrecken liefern, voll von Blut und Mord auf jeder einzelnen Blattseite. Durch Webbs unentschlossene Zaghaftigkeit, der dem von Montcalm hartbedrängten Fort Henry rechtzeitig zu Hülfe zu kommen, verabsäumte, war die Besatzung desselben gezwungen worden, sich zu ergeben, nachdem ihr freier Abzug bewilligt worden war.

Kaum aber hatten die Abziehenden die Wälle des Forts hinter sich gelassen, als noch unmittelbar unter den eignen Augen Montcalms die blutgierigen Verbündeten desselben, die Engländer überfielen und fast bis auf den letzten Mann niedermetzelten. Nur Wenigen gelang es, diesem fürchterlichen Blutbade zu entgehen, in welchem selbst nicht der Weiber, selbst nicht der unmündigen Kinder an ihrer Brust geschont wurde. Ringsumher im Lande verbreitete diese gräßliche Schlächterei Grausen und Entsetzen und Montcalms Siegesruhm wurde durch diese Schandthat mit einem so unauslöschlichen Makel befleckt, daß selbst sein früher, heldenmüthiger Tod, ihn nicht zu vertilgen vermocht hat.

Wahrlich, es war aber auch hinreichender
Grund vorhanden zum Grausen und Entsetzen für
alle Diejenigen, welche in den weiten Gebieten der
Canadas zerstreut und vereinzelt als Ansiedler
sich niedergelassen hatten; denn nach dem Gemetzel
bei Fort Henry hatte der größte Theil der indianischen Hülfstruppen beider Armeen sich in die
Wälder geworfen, um, unbekümmert ob an Freund
oder Feind, Franzosen oder Engländer, den so
übermäßig geweckten Durst nach Blut weiter zu
kühlen. Kein Tag verging, der nicht die fürchterlichsten Nachrichten von den, an den unglücklichen
Ansiedlern verübten Gewaltthaten gebracht hätte.
Mord, Raub, Brand, wütheten fessellos rings
umher.

Da von den Engländern, die von Montcalm hart
bedrängt wurden und entmuthigt durch die Uebergabe von Fort Henry und den Verlust verschie-
dener, dieser Niederlage folgenden Gefechte, weiter zurückgewichen waren, nichts für den Augenblick zu befürchten stand; so hatte der Gouverneur von Montréal dem Julius Frost zugesagt
eine genügende Abtheilung seiner Leute am Lorenzo hinauf, nach la tête Indienne marschiren zu

laſſen, um die Colonie vor etwaigen Angriffen zu
ſchützen. Weil aber die Behauptung dieſes Punk=
tes auch bei künftigen Vorkommniſſen von mili=
täriſcher Wichtigkeit ſein konnte, ſo hatte er die
Bedingung geſtellt, daß die Beſatzung in das
wohlbefeſtigte Blockhaus aufgenommen würde.
Froſt, unterrichtet von unſerm Vorhaben, nach
Europa zurückzukehren, dem ja allein nur noch
der gegentheilige Wunſch Céleſtes bisher entgegen=
geſtanden hatte, hatte nicht gezögert, in unſerm
Namen ſeine Zuſtimmung zu dieſer Forderung zu
ertheilen und die zur Occupation beſtimmte Mann=
ſchaft konnte binnen drei Wochen erwartet werden.

Von eben ſo großer Wichtigkeit war eine
zweite Mittheilung, welche er uns zu machen be=
auftragt war.

Genau acht Tage nach dem vorausberechneten
Eintreffen der Beſatzung in dem Blockhauſe, ſollte
eine zweite Abtheilung uns oberhalb der Fälle des
Lorenzo erwarten, alſo an demjenigen Punkte, bis
wohin wir uns zu Schiffe begeben konnten, falls
uns der Landweg dahin zu gefährlich, oder zu be=
ſchwerlich erſcheinen ſollte. Dieſe hatte den Be=
fehl, uns von dort aus ſicher nach Montréal zu

geleiten, von wo aus wir, bei der ungehemmten
Verbindung mit Quebeck leicht die Gelegenheit zur
Ueberfahrt nach Europa finden konnten.

Das waren in der Kürze einerseits die beun-
ruhigenden, andrerseits die tröstlichen Nachrichten,
welche Frost von seiner Reise zu berichten hatte
und man muß gestehen, daß er in Betreff der
Sicherheit unserer Colonie, wie unserer eigenen
Personen, das Höchstmögliche erreicht hatte.

Demnach hatten wir fast noch vier Wochen
vor uns, um die erforderlichen Verfügungen über
unser Besitzthum und die nothwendigen Vorkehrun-
gen für unsere Abreise zu treffen. Es war eine
arbeitsreiche, eine schmerzlich bewegte Zeit, bis
alle diese Vorbereitungen ausgeführt waren und
die versprochene Besatzung, in der Stärke von fünf
und zwanzig Mann, unter dem Commando eines
Offizieres eintraf. Keiner, keiner von uns Allen
schied gern und willig, selbst in der Voraussicht,
daß die Trennung nur wenige Jahre umfassen
werde, von dem Orte, wo ein jeder von uns das
Glück und die Zufriedenheit gefunden und in er-
folgreicher Thätigkeit alle Widerwärtigkeiten früherer Tage vergessen hatte. Allen unsern Vermuthun-

gen und Befürchtungen entgegen, war die Ruhe und Sicherheit in unserer nächsten Umgebung durch nichts gestört und unser friedliches Verhältniß zu den Eingeborenen durchaus nicht alterirt worden. Nicht von dieser Seite her, sollten die traurigen Befürchtungen eines schweren Unheils, die wie ein Alp auf meiner Brust schon lange drückten, in Erfüllung gehen! — Der Schlag, der mich treffen sollte, kam von einer andern, als Menschenhand!

Mein ahnungsvolles Herz weissagte Unglück; und all' die Aufregung und Geschäftigkeit, in der ich nothwendiger Weise mich befand, war nicht im Stande die trüben Wolken zu zerstreuen, die dichter und dichter sich um meine Seele lagerten und meinen freien Blick in die Zukunft trübten, obschon jeder bestimmte Grund für eine derartige Beunruhigung fehlte.

Ich habe in dem langen Laufe eines wechsel- und erfahrungsreichen Lebens, manchen Anlaß zum Denken und Sinnen gehabt, und manchen Grund gefunden meine Ansichten nach denen Anderer zu verbessern und zu berichtigen. Ich habe Leute kennen gelernt, ernste, ehrenwerthe, würdige und

unterrichtete Männer, welche den Glauben an Vorahnungen verspotteten und Aberglauben schalten.
Ich habe nie vermocht ihrer Ansicht beizustimmen
und ihren Spott zu theilen, denn ich, — ich habe
Vorahnungen. Ob dieses instinctive Vorgefühl
aus einen Mangel meiner Organisation, ob es
aus einem krankhaften Uebermaße der Reizbarkeit
meines Nervensystems entspringe, bleibe dahin gestellt. Zu erklären vermag ich die Erscheinung
weder mir noch andern; aber ihr Vorhandensein
in mir, ist und bleibt nichts desto weniger eine
Thatsache. Niemals hat ein großes Wehe mich
betroffen, ohne daß sein vorauseilender Schatten
schon lange zuvor mein Herz umdüstert hätte;
niemals hat ein großes Glück mir gelächelt, ohne
daß sein freudiger Schein ihm voraufgeeilt wäre
und mein ganzes Wesen erwärmt und durchglänzt
hätte. Ich weiß nicht warum das Leid, warum
die Lust mich gleichsam vorbereiten auf ihren Eintritt; ich weiß nicht in welcher Form und Gestalt
das Glück oder Unglück für mich in die äußere
Erscheinung treten werden; ich weiß nicht wann
oder wo, das Eine oder das Andre über mich
kommen wird; aber ich fühle das Nahen des Einen

wie des Andern voraus und nenne dies Gefühl, Vorahnung. Ich glaube an diese Ahnung, denn sie hat mich niemals betrogen. Ist dieser Glaube nun, Aberglaube? — Ich für mein Theil muß entschieden diese Frage verneinen.

Es begreift sich leicht, daß, da wir nach Europa zurückkehren wollten, wir durchaus keinen Anlaß hatten uns mit überflüssigem Gepäcke von la tête Indienne zu belasten, und demgemäß unsere Reisebedürfnisse auf das Allernothwendigste zu beschränken suchten. Als die Garnison eintraf, waren diese Vorbereitungen vollendet und es lag mir nur noch die Sorge ob, den commandirenden Offizier, einerseits mit den vornehmsten Häuptern unserer eingeborenen Nachbarn, andrerseits mit den wichtigsten Punkten unserer Colonie bekannt zu machen. Durch diese Pflichten wurden meine Tage jetzt fast ganz in Anspruch genommen und nothwendigerweise meine häufige Abwesenheit vom Hause geboten.

Als ich am dritten Abend vor dem, zu unserer Abreise festgesetzten Tage, von einem derartigen Ausfluge zurückkehrte, fand ich Céleste in ihrem Zimmer, blaß und in Thränen fast zerfließend vor.

Mit Bestürzung forschte ich nach dem Grunde, der zu diesem ganz außergewöhnlichen Verhalten, der sonst immer heiteren und lebenslustigen Frau, die Veranlassung gegeben haben könnte. Lange suchte sie mir auszuweichen und endlich sich zu einem krankhaften Lächeln zwingend, sprach sie, meinen Wünschend willfahren:

Du wirst mich ausspotten, mein theurer Freund, wenn ich Dir den Grund meines Kummers sage. — Ich war mit dem Vater und den Kindern heute Nachmittags bei der großen Tanne, um Abschied zu nehmen von dieser lieben Stelle. Wir hatten uns auf der Klippe niedergelassen und schauten, wirklich recht wehmüthig gestimmt, auf die lieblichen Ufer und die blauen Wellen des Ontario, von denen wir nun scheiden sollten auf lange, unbestimmte Zeit. Ueber uns schwebte mein alter Freund, mein Schützling, mit den mächtigen Schwingen seine gewaltigen Kreise ziehend im blauen Aether. Da stieg vor meiner Seele wiederum der Tag empor, an dem ich ihn an gleicher Stelle zuerst erschaute, ach! mit einem Herzen, das von Gram und Bitterkeit überfüllt war, und deutlich erinnerte ich mich des Augen-

blickes, wo wie ein leuchtender Blitz, der Gedanke
durch meine umnachtete Seele schoß: dieser Adler
sei mir ein Bote des Friedens und des Glückes.

Nicht wahr, Theuerster, der Gedanke war
albern? — Aber er erfüllte mich dennoch mit
Freudigkeit und diese Freudigkeit half mir dazu,
wieder Herrin zu werden über meine unbotmäßig
gewordenen Gefühle und Gedanken, und ich ret=
tete sein Leben, in dem Augenblicke, wo eine tödt=
liche Kugel seine Brust durchbohren sollte. Ohne
diesen zufälligen Umstand wäre vielleicht jener
Gedanke flüchtig vorüber gerauscht und vergessen
worden, und der Vogel mit ihm. Von da ab
aber liebte ich ihn, weil ich ihn gerettet hatte,
und wenn ich ihn hoch über mir schweben sah,
sprach ich oft zu mir selbst: Er ist dir dankbar
und trägt Dein Glück auf seinen Schwingen. Du
wirst glücklich sein, so lange er über Dir kreist!

Alles dessen gedachte ich heute wieder und zu=
gleich alle des Glückes, das mir wirklich seitdem
geworden, und unwandelbar treu geblieben war,
bis jetzt.

Plötzlich krachte hinter uns ein Schuß und wir
Alle sprangen erschreckt empor. Das Jubelgeschrei

mehreren rauhen Stimmen im nahen Dickicht,
machte uns noch bestürzter. Es ging indessen nur
von einigen Soldaten unserer neuen Besaßung aus.
Unheimlich rauschte und sauste es über unsern Häup=
tern. Wir blickten empor. Der Adler schwankte
haltlos in den Lüften und stürzte taumelnd zwi=
schen uns herab. Entsetzt starrte ich empor, mit
ausgebreiteten Armen. Seine Schwinge streifte
hart im Falle mein Gesicht und seine Kralle mei=
nen ausgestreckten Arm. —

Sieh' hier, sprach sie, indem sie ihren rech=
ten Arm entblößte. Er war von der Handwurzel,
bis zur Schulter von blutigen Striemen durch=
furcht und zerrissen. — Sieh' hier, so hat der
Adler Abschied genommen von mir, und so wird
das Glück Abschied nehmen mit ihm. — —

Laut schluchzend barg sie das schöne Haupt
an meiner Brust und weinte bitterlich.

Ich selbst war durch diese Erzählung aufgeregt
und schmerzlich bewegt. Ich versuchte jedoch mich
zu fassen und sie zu trösten und es gelang mir
endlich, sie wenigstens etwas ruhiger zu stimmen.

Am nächstfolgenden Tage sollte eine Zusam=
menkunft mit einigen indianischen Häuptlingen

stattfinden. Wir mußten, da der Versammlungs=
ort ziemlich entfernt lag, schon sehr frühe am
Morgen aufbrechen. Mit schwerem Herzen schied
ich von Hause. Durch ein, am Nachmittage plötz=
lich unter orkanähnlichem Sturme ausbrechendes
Gewitter, wurde unsere Rückkehr bis zum Ein=
bruche des Abends verzögert. Ich fand Alles im
Hause in der höchsten Angst und Verwirrung.

Céleste, welche sich vor dem Ausbruche des
Unwetters in Begleitung der Kinder, von zwei
Leuten auf den See hatte hinausrudern lassen, war
noch nicht wieder heimgekehrt.

Im Hafen war reges Leben und Fackeln glänz=
ten auf den Wellen. Fast außer mir stürzte ich
dorthin. Frost, der kurze Zeit vor mir zu Hause
angelangt war, hatte sogleich alle Männer in
Bewegung gesetzt und war eben im Begriffe auf
den See hinauszusteuern. Der alte Marquis,
seiner Sinne fast beraubt, zerraufte sein weißes
Haar und rief den Namen seiner geliebten Toch=
ter jammervoll in die dunkle Nacht. — Wohin
sie sich gewendet, wohin die Vermißten, falls sie
noch lebten, von den Sturme verschlagen sein
möchten, in welcher Richtung man mit einiger

Wahrscheinlichkeit des Erfolges sie suchen solle,
niemand wußte es.

Ich sprang zu Frost in das Boot und rief:
Fort, nach dem Mosesberg! —

Man wird sich noch jenes Berges erinnern,
auf dessen Gipfel einst Matura uns geführt hatte,
um uns den ersten, überraschend schönen Anblick
des Ontario zu gewähren. Die scherzhaft von mir
hingeworfene Aeußerung, ich habe wie Moses dereinst nach Canaan, so von dieser Klippe zuerst
in mein gelobtes Land hineingeschaut, hatte in
unserem kleinen Familienkreise zuerst dem Berge
diesen Namen gegeben, der dann nachträglich weiter sich verbreitet hatte.

Der Berg, der zu Lande sich nur mit Anstrengung in einem halben Tage gewinnen ließ,
konnte bei nicht allzuungünstigem Wehen des
Windes, in wenig mehr als einer Stunde zu Schiffe
erreicht werden und war für uns der Zielpunkt
häufig wiederholter Vergnügungsausflüge geworden. Zum nothdürftigsten Schutze gegen überraschend eintretende Unbill des Wetters, hatte ich
auf dem Gipfel desselben eine gedeckte, aus Baum-
stämmen zusammengefügte Hütte aufschlagen lassen,

8*

welche nach drei Seiten hin geschlossen, auf der vierten offenen Seite, die Aussicht über den See und nach la tête Indienne vollkommen frei ließ.

Hierhin steuerte unser Boot; die anderen wurden nach anderen Richtungen hin beordert.

Wir ruderten, als ob es unser eignes Leben gälte. Wir riefen laut über die Wellen hin, die, obgleich sich die größte Heftigkeit des Sturmes gelegt hatte, doch immer noch nicht wieder sich beruhigt hatten und hohl und dumpf einherrollend, mit blitzenden Schaumkronen durcheinander taumelten.

Endlich erreichten wir den ersehnten Uferplatz. Dort war das gesuchte Boot nicht und eben so wenig vermochten wir am Strande einen hinterlassenen Eindruck desselben zu erkennen, indem die Heftigkeit des Windes, die Wellen weit über den gewöhnlichen Wasserstand hinaufgepeitscht und den losen Ufersand glatt gewaschen hatte. Doch der Mangel dieser Zeichen bewies nicht, daß meine Lieben nicht hier gewesen, nicht noch immer hier sein könnten. Konnte der Sturm das leichte Boot nicht fortgerissen haben, während sie in der Hütte weilten und bangend und zagend der Nacht und

hoffend und harrend der Erlösung jetzt entgegen
sahen? —

Ich rief mit der Angst der Verzweiflung den
Namen meines Weibes, meiner Kinder. War es
das Rauschen des Windes in den Wipfeln der
Bäume, war es das Echo, das an den Wänden
der Schlucht sich brach, was mein banges Ohr
mit dem trügerischen Wahne täuschte, daß mir
geantwortet würde? —

Hoffnungsfreudig stürmte ich den steilen, eng=
gewundenen, gefährlichen Pfad zum Gipfel hinan.

Frost folgte mir auf dem Fuße; zuerst ver=
suchend mich davon zu überzeugen, daß ich mich
geirrt; sodann in weiterem Abstande rufend und
vergeblich auf Antwort harrend. Endlich gelangte
ich athemlos, mit keuchender Brust, auf der Höhe
an und stürzte in die Hütte.

Sie war leer.

Daniedergeschmettert von dem jähen Fehl=
schlage meiner zuversichtlichen Erwartungen, warf
ich mich, nach Luft und Fassung ringend, auf eine
Bank. Meine niederfallende Hand berührte einen
weichen, nachgiebigen Gegenstand. Es war der
leichte Strohhut meiner kleinen Tochter. Mit

Entzücken drückte ich ihn an meine Lippen. Mein Ohr hatte sich täuschen können; die Stimme des Herzens in der Brust des Gatten und des Vaters hatte nicht getäuscht. Sie waren hier gewesen, das stand fest. Wo aber waren sie jetzt? — O mein Gott, mein Gott!

Frost, der eben eingetreten war, versuchte meine Besorgnisse zu beschwichtigen und mir die Hoffnung einzuflößen, daß unsere Forschungen nach einer anderen Richtung hin, von günstigerem Erfolge gekrönt sein würden. Er beschwor mich, ihm wieder hinab zum Boote zu folgen.

Meine Glieder waren wie zerschlagen, meine Kniee wie gelähmt. Der treue Freund richtete mich empor und zog mich fort, indem er mich stützte und mir Muth einsprach. Traurig stiegen wir den Berg hinab.

An einer schmalen, höchst gefährlichen Stelle des Weges verlor ich das Gleichgewicht, indem ein loser Stein unter meinem Fuße fortrollte. Ich fiel zu Boden, aber ein Baumstamm, gegen den ich stürzte, bewahrte mich glücklich vor dem Falle in den Abgrund.

Dicht hinter mir schritt Julius Frost. Er

wollte mich aufhalten und über mich hinweg stürzte
er hinab, in die gähnende Tiefe.

Verzweiflungsvoll raffte ich mich mit bluten-
dem Haupte auf, und bog mich weit hinunter über
die verschlingende Kluft. Finster und schwarz lag
sie vor meinen verzweifelnden Blicken und mein
Auge vermochte nicht ihre Dunkelheit zu durchdringen. Ich rief, ich schrie seinen Namen hinab.
Umsonst! Keine Antwort tönte zu mir herauf.
Stumm und schweigsam starrte mir die Nacht
entgegen.

Der Gedanke an Weib und Kind war verschwunden aus meiner Seele; die lähmende Mattigkeit aus meinen Gliedern. Ich gedachte nur
noch der Rettung des Freundes und raste in
wilder Hast den Berg hinab, zur Anlandestelle.
Wie ich dieselbe in dieser Aufregung glücklich erreichen konnte, wird mir stets ein ungelöstes Räthsel
bleiben.

Die drei Männer, welche das Boot bewachten,
waren erschreckt als sie mich vom Blute überströmt,
daherstürmend, erkannten. Ich rief sie zur Hülfe
auf und nach Verlauf einer halben Stunde lag
Julius Frost, einem Todten gleich, ausgestreckt

auf dem Boden unsres Fahrzeuges. Er schien äußerlich unverletzt, aber ein gewaltiger Blutstrom hatte sich über seine bleichen Lippen ergossen. Er war regungslos, besinnungslos.

Wir schlugen die Richtung nach Hause ein. Bald bemerkten wir an dem Scheine der Fackeln, daß mehrere Böte sich von verschiedenen Seiten aus, sämmtlich nach einer Stelle hinbewegten. Dort also mußte etwas Besonderes vorgegangen sein; vielleicht sich das Schicksal der Meinen entschieden haben.

Ich befahl den Cours zu ändern und das Boot dorthin zu wenden. Ich kniete am Boden des Fahrzeuges neben Frost, dessen Haupt, vorsichtig erhöht, auf einem zusammengefalteten Segel ruhte. Mit meinem Taschentuche, das ich in das Wasser tauchte, wusch ich ihm Mund und Stirne, indeß meine Rechte auf seinem Herzen ruhte, forschend nach dem fast unmerklichen Schlage desselben, dem einzigen Zeichen, welches bewies, daß das Leben ihn noch nicht gänzlich verlassen habe.

Endlich kamen wir in die Nähe der versammelten Boote. Ich rief sie an. Auf meine hastige Frage, ob man etwas gefunden habe, blieb Alles still.

Bei diesem Schweigen fühlte ich mein Blut sich förmlich vereisen, mein Haar vor Entsetzen sich sträuben. Klar, deutlich, schaudernd, wußte ich, meine düstere Vorahnung schreite jetzt der schrecklichen Erfüllung entgegen. Wenige Augenblicke später trieb unser Boot zwischen die anderen hinein und prallte, mit leichtem Anstoße an einen anderen Gegenstand an. Es war ein umgestürztes Boot, das man mit dem Kiele nach oben treibend, gefunden hatte. Es war das Boot, in dem mein Weib und meine Kinder ausgefahren waren.

In die Lücke, zwischen dem Sterne des Bootes und dem Steuerruder, hatte eine Hand hineingegriffen und krampfhaft sich in das Ruder eingekrallt. Ich bemerkte diese Hand, als das Boot sich schwerfällig auf den Wellen hob. Die Hand gehörte zu dem Körper des einen Fährmannes; man brach sie mit Anstrengung los und brachte den Mann in ein Boot. Er war todt.

Man machte sich daran, das umgestürzte Boot an einem anderen zu befestigen, um es heimwärts zu bugsiren. In Folge der veränderten Lage, tauchte die Spitze der Segelstange unter

demselben auf. — Hatte man das Segel vor, oder
während des Sturmes eingezogen und den Mast
gelegt? — Man holte ihn herein. Die Stange
war über der Segelducht abgebrochen; das kleine
Segel noch an ihr befestigt und die Segelleine
gleichfalls noch um den Dollbord geschlungen. —
An dieser Leine hielt mein Knabe sich mit der
rechten Hand, seine Mutter hatte ihn mit ihrer
Rechten fest umschlungen und mit der Linken ihre
Tochter an das treue Mutterherz gepreßt. — Der
zweite Bootsmann fehlte. Er wurde erst nach
einigen Tagen, von den Wellen in den Hafen
gespült.

Ein düsterer, banger Aufschrei folgte dieser
Entdeckung. Aber ich war es nicht, der schrie.
Ich stand regungslos und starr, als ob das Alles
mich gar nicht anginge und als ob die Hand
Gottes mich in fühllosen Stein verwandelt habe. —
Der Schrei der Männer verstummte und Todten-
stille trat ein. Aber als wäre das Bild dieser
Nacht, mit ehernem Griffel in festen Granit ge-
graben worden, so steht es unauslöschlich noch
vor meinen Blicken. —

Eine bleiche Sichel, erglänzt der niedergehende

Mond am Himmel und leichte, wild zerrissene
Wolken, jagen hastig an ihm vorüber. Dunkelheit ringsum; die noch dichter erscheint durch den
engbegrenzten Kreis, den das Licht der Fackeln
über die schäumend bewegte Fluth wirft. An
dem Nebel, der von dem Wasser sich erhebt,
bricht sich der dunkelrothe Flammenschein; ringsumher gleichsam eine Mauer bildend und darüber
hinaus ruht die Nacht, die schwarze, undurchdring-
lich finstre Nacht. — In der Mitte des hellen
Kreises hebt und senkt sich träge und schwer, ein
schwarzer Körper; das umgestürzte Boot. Vier
andere Böte umringen es und der glühend rothe
Schein des Lichtes flackert gespensterhaft, von
dichtem Rauche unterbrochen, über die Gesichter
harter, eisenfester Männer, die in tiefem Schweigen ein schaurig wildes Geschäft treiben; während
unter ihnen die dahin rollenden Wellen, keinen
Augenblick Ruhe gebend, sie auf und nieder
heben und die ewig wechselnde, flackernde Gluth
der röthlichen Flammen, bald über ihr Gesicht
hinwegzuckt, bald mit grellem Lichte die zitternden
Wellen übergießt. — Lautlos heben sie sanft
empor die drei Umschlungenen, mit den nassen

Haaren und den blassen Wangen, die so kalt
und starr sind und doch zu leben, zu athmen,
sich zu bewegen scheinen, wenn das Wasser sie
wiegt und das rothe Licht spielend und hüpfend,
über ihr Antlitz und ihre glänzenden Augensterne
hinweggleitet. — — Streckst Du die Hand nach
mir, mein süßer Knabe? Lächelst Du mir entgegen, mein wonniges Mädchen? Winkst Du mir
grüßend mit dem Engelsantlitze, meine theure
Céleste, gute, treue Mutter? — Sie lächeln still
mich an und schweigen und werden emporgehoben
über die schaukelnden Wellen, mit den tropfenden
Haaren und den fest sich anschließenden, triefen-
den Gewändern; und werden still neben einander
gelegt in dem größten der Boote und sorgsam
umhüllt und bedeckt mit einem Segeltuche. —
Und dann erlöschten die Fackeln und alle Böte
fuhren dem Lande zu; und kein Laut ließ sich
hören, als das Knarren· der arbeitenden Ruder,
das Anklatschen des Wassers an die Böte und
ein oder zweimal ein leises Wimmern des Schmerzes,
aus der zerschlagenen Brust Julius Frosts. Sonst
war Alles still. Der Wind war zur Ruhe gegangen, die Wälder schliefen, die Männer um

mich her schwiegen in Trauer und Ehrfurcht vor
den Todten, ach, und der Mund der Todten
war geschlossen, für immer. Kein Laut des
Schmerzes, kein Jauchzen der Freude, kein Aus-
bruch der Zärtlichkeit und Liebe, sollte wieder über
diese Lippen kommen, die so süße Töne kindischen
Glückes, so süße Worte unendlicher Innigkeit für
mich gehabt! —

Düster unter den Falten des grauen Segels
verborgen, lag eine dunkle, formlose Masse zu
meinen Füßen; das war Alles, was übrig geblieben war, von dem, was mir das Köstlichste
gewesen auf der Welt; und nichts war mir gelassen, als die stumme, gräßliche Verzweiflung,
die mein Herz zerriß und mein Gehirn durchwüthete.
Selbst den Trost der lindernden Thräne, hatte die
sonst so gütige Natur, meinem Jammer versagt.
Starren, trockenen Auges stierte ich vor mich hin,
in sprachloser Gebrochenheit.

Der Morgen dämmerte herauf, als die, mit
der Beute des Todes befrachteten Nachen aufliefen,
auf dem knirschenden Ufersande des Hafens. In ah-
nungsvollem, lautlosen Schweigen harrte unserer
dort eine kleine Gruppe der Zurückgebliebenen.

In ihrer Mitte der Marquis. Kein Bitten, kein Flehen, hatte ihn zur Rückkehr in das Haus bewegen können. Er hatte dort die Nacht durchwacht und durchhofft, durchbetet und durchweint, mit zerrissenem Herzen. Die kalte Nachtluft hatte seine Glieder erstarrt; der feuchte Nebel seine Gewänder durchnäßt.

Er erhob sich nicht von dem Sessel, den eine mitleidige Hand für ihn herbeigeschafft hatte, als wir an das Ufer stießen. Er fragte nicht, als ich mit den Uebrigen an das Land trat. Regungslos, bewegungslos, ließ er den Fahrzeugen ihre unheilvolle Bürde entnehmen; nur seine Augen blitzten in unheimlichem Feuer und folgten rastlos und mit scharfer Aufmerksamkeit jeder Bewegung. Erst als die Leichen alle neben einander auf dem Sande des Ufers niedergelegt waren, erhob er sich mühsam und wankte der traurigen Stätte zu. Ich wollte ihn stützen, er wehrte mir freundlich lächelnd mit der Hand.

Dann ließ er leise an der Seite seiner Lieben sich auf die Knie nieder; und sein Haupt forschend und prüfend über sie hinneigend, flüsterte er den Umstehenden zu:

Still, still! — Sie schlafen, sie schlafen! —
Céleste, mein theures Kind, wach auf! — An=
toine, Du lustiger Schelm, erwache! — Claire,
mein rosiges Püppchen, auf, auf! — Und als wollte
er tändelnd sie erwecken, ließ er mit sanftem Strei=
cheln die Hand über die erblaßten Wangen gleiten.

Hu, wie kalt! rief er plötzlich, indem er die
Hand zurückriß und mit verwirrten Blicken um
sich schaute. Sie sind todt! — Alle, Alle
todt! — schrie er entsetzt und sank zusammen=
schauernd, mit ausgebreiteten Armen über die ent=
seelten Hüllen. Ein qualvolles Aechzen, ein
langsam hinsterbender Seufzer entrang sich seiner
Brust. Ich wollte ihn aufrichten; aber er lag,
selbst eine Leiche, dahingestreckt über den Leichen
der Seinen. Wohl ihm, dem Glücklichen! —
Den morschen, verwitterten Stamm hatte der
Sturm gebrochen, er durfte nicht trauern über
die zerschlagenen Blüthen und die geknickten Aeste; —
mich aber, mich ließ er stehen, kahl, entlaubt,
zerstört für immer, und doch nicht gebrochen und
doch nicht vernichtet, wohl aber preisgegeben dem
langsam=jammervollen Hinsterben.

Am Morgen des folgenden Tages bestatteten

wir sie. Der Marquis schläft der Auferstehung
entgegen unter der alten Tanne, unter der er
den Traum der Ewigkeit zu träumen, stets ge-
wünscht hatte. Céleste und die Kinder wurden
an seiner Seite gebettet. Wo werden meine Gebeine dereinst ruhen?

Stumpffinnig, thränenlos noch immer, hatte
ich der Bestattung angewohnt, bis zum Ende;
mechanisch einige Hände voll Erde auf die Särge
geworfen und schaudernd angehört, wie Scholle
auf Scholle, hinabgeschaufelt wurde und hohl und
dumpf, die Särge unter der Last erklangen. —
Ich hatte trockenen Blickes zugeschaut, wie sich
mählig die Grube füllte, bis endlich der Hügel
über der Gruft erhöht war. Dann wandte ich
mich mit stummen Gruße an die übrigen Leid-
tragenden, die sich schweigend nach und nach ent-
fernten und schritt den Weg hinan, zu der Klippe
über der einsamen Tanne.

Was wollte ich dort? — Dachte ich dabei an
irgend etwas? — O nein! — Ich dachte an
nichts. Ich hatte nur das unabweisbar schauer-
liche Gefühl unendlicher Verlassenheit und ich
wollte allein sein mit diesem Gefühle.

Sie Alle, die vor Kurzem noch hier geweilt
hatten, in der Fülle des Glückes, der Liebe, des
Lebens, der Gesundheit und der freudigen Hoffnung, sie ruhten jetzt schon vierzig Fuß tiefer in
dem Schooße der Erde, Speise für die Würmer.
Ja, sie Alle, der hochbetagte Greis, wie das
blühende Weib und die fröhlichen Kinder, sie Alle,
Alle! — und doch hatte die Sonne, seitdem sie
hier oben zuletzt weilten, ihren Kreislauf kaum
erst zum Zweitenmale durchlaufen. — —

Ich betrat den Platz, als müsse ich erwarten
sie Alle hier noch bei einander zu finden. — Der
Platz war leer und verlassen, aber in seiner Mitte
lag verendet — der Adler; und zwischen seinen
scharfen Fängen schimmerte ein Fetzen des weißen,
feinen Stoffes, den er in seiner Todesangst her-
ausgerissen, aus dem Gewande meiner Gattin,
als er herabstürzend ihren schönen Arm zer-
fleischte.

Bei diesem Anblicke war es mir, als ob ein
flammender Blitz hineinschlüge in mein Gehirn
und das Blut entzündet würde in meinen Adern
zu einem glühenden Strome. Leuchtende Sonnen
schwangen sich vor meinen Augen in blitzenden

Kreisen und meine Brust, selbst eine strahlende
Sonne, hob sich leicht und frei in seliger Klarheit. — Das Leid war todt — die Sorge gestorben!

Laut aufjauchzend riß ich den Vogel empor
in meine Arme und schrie:

Glücksvogel, Unglücksprophet, habe ich Dich
endlich! — Bist Du auch todt? — Sie sind Alle,
Alle todt! — Komm, komm, daß ich Euch wieder
erwecke zu neuem Leben! Wie der Phönix, sollst
Du emporsteigen aus der Gluth, und sie Alle
mit Dir, der Vater, Céleste und die lieben Kinder! — Alle, alle aus ihrer kalten Gruft. Komm,
komm, sie warten unten schon längst auf Dich
und mich! —

Dann aber stürmte ich den Berg hinab und
schichtete über dem frischen Grabeshügel, mit un-
unendlichem Eifer einen hohen Holzstoß auf und
oben, auf die Spitze desselben legte ich sorgsam den
todten Adler. — Bald darauf wallte ein dichter,
schwarzer Qualm zum Himmel empor, und dann
loderte hoch hinauf die goldige Gluth der zün-
gelnden Flamme, bis sie, höher und höher sich stre-
ckend, die hängenden Zweige der Tanne erfaßte

und zischend und prasselnd, gierig hinaufleckte bis
in die Spitze des Riesenbaumes.

Ich aber tanzte und sprang jubelnd und jauch=
zend um die Feuersäule und mehrte die Gluth,
wenn sie nachlassen wollte, mit neuen Scheiten. —

So fand man mich wieder, mit verstörten
Sinnen, wahnwitzig!

Man führte mich nach Hause und in mein
Zimmer, um mich der Ruhe zu überlassen. Kaum
sah ich mich allein, als ich den Versuch machte,
das Haus in Brand zu stecken.

Mein tolles Jubelgeschrei, als die Flamme auf=
loderte, zog zum Glücke einige Müßiggänger der
Besatzung herbei. Das Feuer wurde gedämpft,
ich wurde gebunden auf mein Lager gebracht
und von da ab, unter strenger Bewachung ge=
halten.

So lag ich in wilden Rasereien, stets nach
Feuer verlangend und Flammen, bis mein Zu=
stand in ein Gehirnfieber überging. Ein Arzt,
der schleunig aus Montréal herbeigeschafft wurde,
rettete mein Leben, nach langem, langem Leiden,
und während alle dieser Zeit hatte Julius Frost
bleich, still, geduldig, auf seinem Schmerzenslager

gelegen und gefaßt dem Tode in das hohle Auge
geſchaut.

Der Sturz hatte ſeine Bruſt zerſchmettert; der
Blutſturz ſich verſchiedene Male ſchon wiederholt.

Welch ein trauriger Anblick, als wir zum er=
ſten Male uns wiederſehen durften! Er, der
kräftige, blühende Mann, war abgezehrt zum Ge=
rippe und auf der, ſonſt ſo dunkelgebräunten
Wange, lag der gelbliche Schimmer unheilbaren
Siechthums; während die tief in ihre Höhlen zu=
rückgetretenen Augen, vergrößert ſchienen, in dem
trüben Glanze, der aus ihnen hervorleuchtete. Am
Stabe wankte er mir entgegen. Ach, und ich
ſelbſt! — Konnte ich denn anders ihm entgegen=
ſchreiten? —

Weinend fielen wir einander in die Arme.
Der Herbſt war in den Winter übergegangen und
der Winter begann ſchon dem Frühlinge zu wei=
chen, ſeitdem wir uns nicht geſehen.

Mit dem Vorſchreiten der beſſeren Jahreszeit,
begannen meine Kräfte ſich nach und nach wieder
einzuſtellen und auch Julius Froſt ſchien ſich mehr
und mehr wieder zu erholen. Trotzdem fand der
Arzt ſeinen Zuſtand höchſt bedenklich und behaup=

tete, daß nur ein milderes Klima, wie das von
Nizza oder Madeira sein Leben zu fristen im
Stande sein werde. Der Entschluß, la tête Indienne zu verlassen, wurde auf's Neue gefaßt;
denn auch ich sehnte mich hinweg, von einem
Orte, wo jeder Gegenstand im Hause, jeder Baum
im Walde, jede Blüthe im Garten, mich unaufhör-
lich an den Verlust meines Lebensglückes mahnte.
Endlich empfingen wir die Nachricht, daß das er-
wartete Schiff in Quebeck eingetroffen sei und
demnächst nach Europa zurückkehren werde.

Wir schieden von la tête Indienne, aber wie,
darüber laß mich schweigen. Das Wie vermöchte
nur der zu fassen, der gleich mir, mit einem
Schlage, aus dem Glücklichsten der Unglücklichste
aller Sterblichen wurde. Ich möchte nicht wünschen, daß Du mich verständest, denn ich wünsche
dem Erben meines Gutes ein leichtes, frohes, zu-
friedenes Herz! Was ich hier zurücklassen mußte,
war nichts weniger, als — Alles.

Unsere Ueberfahrt war langwierig und stürmisch. Der arme Frost litt schwer während derselben, obschon ich seine Leiden, durch die auf-
merksamste Pflege und Fürsorge, in jeder Weise

zu vermindern suchte. Als wir endlich im Hafen
von Funchal vor Anker gingen, mußte er an
das Land getragen werden. Drei Tage später,
war er in meinen Armen schmerzlos verschieden.
Mit gebrochenem Herzen geleitete ich ihn zu sei=
ner Ruhestätte.

So stand ich denn wiederum allein, muttersee=
lenallein auf der weiten, großen Erde, die Alles
verschlang, was meinem Herzen theuer war. O
wie gern hätte ich jetzt ebenfalls Ruhe gefunden in
ihrem Schooße, wie freudig wäre ich gestorben!
— Aber wie sehr ich auch auf den Tod hoffte,
wie sehr ich mich auch nach ihm sehnte, einen
Wunsch hatte ich trotzdem noch immer, bevor ich
stürbe. Ich wünschte an dem Grabe meiner El=
tern und meines Bruders zu beten, ich wünschte
zu ruhen neben ihnen, in vaterländischer Erde.
Ja, die Sehnsucht, den geheiligten Boden des Va=
terlandes wieder zu betreten, siegte über die Sehn=
sucht nach dem Tode, und das nächste englische
Schiff, das von Funchal absegelte, trug mich nach
London, von wo aus ich ohne Aufenthalt nach
Hamburg weiter ging.

Dort angekommen, ließ ich mein weniges Ge=

päck nach einem Gasthause schaffen und mich selbst
sofort nach jenem Hospitale führen, in dem ich
einst als Jüngling verpflegt worden war. Es
drängte mich, dem wackern Klaus Grothe und seiner würdigen Katharina die Hand zu drücken.

Klaus Grothe schlummerte längst auf dem Ho-
spitalkirchhofe, neben der wackern Frau Katharina.
Ein paar Rosenbüsche, die auf einem eingesunke-
nen Hügel, über Gras und Unkraut fröhlich blü-
hend, sich hinausdrängten, bezeichneten ihren Ruhe-
platz. Also auch diese todt, die Letzten, an die
ich mich anklammern wollte, in meiner Weltver-
lassenheit! — Aber wo war Paul, ihr einziger
Sohn, der rothbäckige, flachshaarige Knabe, der
einst auf meinen Knieen sich geschaukelt? — Man
wußte es nicht. Ich hinterließ dem Hospitale
eine reiche Schenkung, ohne meinen Namen zu
nennen, und kehrte, zum Tode traurig, in meinen
Gasthof zurück. Unablässig forschte ich weiter nach
Paul und endlich gelang es mir, mit Hülfe der
Polizei, wenigstens das in Erfahrung zu bringen,
daß Paul Grothe, kurz nach dem Tode seines
Vaters, sich auf einem Ostindienfahrer verheuert
gehabt habe; zugleich aber auch, daß jenes Schiff

bei den Nicobarischen Inseln zu Grunde gegangen und der junge Mann verschollen sei. Dieser Schlag traf mich hart, härter, als man wohl glauben dürfte, denn er zerstörte meine Pläne für die Zukunft. Hätte ich Paul, als einen gut gearteten, braven Jungen wiedergefunden, so hätte ich ihn an Sohnes Statt angenommen und zum Erben aller meiner Habe gemacht.

Auch diese Hoffnung schlug mir fehl und dennoch wollte ich derselben noch nicht ganz und für immer entsagen. Ich hinterlegte bei dem Polizeimeister eine Adresse und setzte zugleich eine namhafte Summe als Belohnung aus, für den, der mir früher oder später, eine sichere Nachricht von dem Leben oder dem Tode Paul Grothes, mitzutheilen im Stande sein würde.

Mehr als zehn Jahre sind seitdem vergangen, und Niemand hat die Belohnung eingefordert. Auch er ist todt! —

Das Verschwinden Pauls änderte meine früheren Beschlüsse einigermaßen. Die Dolgobowschen Güter waren, nachdem ich Céleste so unvermuthet in Canada wiedergefunden hatte, einem nahen Verwandten des Grafen abgetreten wor den. Wir wollten Beide nichts mit denselben zu schaffen haben. Jetzt überließ ich die canadischen Besitzungen, deren Verwaltung mir eine lästige Bürde geworden, einem Neffen des Marquis de Ratainville zum Eigenthume, unter der einzigen Bedingung, daß die Gräber der Familie auf la tête Indienne, für ewige Zeiten geschont und erhalten bleiben sollten. Immerhin aber blieb mir noch mein eignes Vermögen und dasjenige, was mir an baaren Kapitalien durch den Tod des Marquis zugefallen war.

Nach einem achttägigen Aufenthalte verließ ich Hamburg wieder, um jetzt in mein Vaterland zurückzukehren. Wer sollte mich dort wohl noch wiedererkennen? — Und wenn man mich erkannte, würde man mich heute noch, nach mehr als dreißig Jahren, als Deserteur zur Verantwortung ziehen wollen? — Wahrscheinlich doch wohl; ganz sicher aber als Mörder! — Nun, und wenn auch das geschähe, würde man heute noch dasselbe Urtheil fällen, wie damals, wo man mich gar nicht gehört hatte? — Gewiß nicht! — Und die eingezogenen Güter? — Was kümmerten sie mich, der ich so eben erst ein Land, größer, als eine Preußische Provinz verschenkt hatte, an einen Mann, den ich nie gesehen. — Aber mochte kommen, was da wolle, es trieb mich heim, unwiderstehlich heim! .

Hinter dem mecklenburgischen Städtchen Grabow, erblickte ich endlich den ersten Preußischen Grenzpfahl, geschmückt mit seinen einfachen Farben. Ha, wie pochte mir das Herz, als ich an ihm vorüberfuhr und mich nun wieder auf vaterländischer Erde wußte. Ich mußte mich zurücklehnen in die Ecke meines Wagens und meine Reisemütze tief in das Antlitz hinabdrückend, meinen Thränen freien Lauf lassen. Ach und mit den Thränen der Freude mischten sich herb auch diejenigen, unendlichen Wehes, als ungesucht und ungerufen mir die Erinnerung die Bilder meiner Vergangenheit, eines nach dem andern, wieder vor die Seele führte. —

Der Abend war angebrochen, als wir die alte Stadt Perleberg erreichten. Unter dem Thore wurde der Wagen angehalten durch die Schildwacht und ein Unteroffizier trat herzu, um sich nach meinem Passe zu erkundigen. Der alte schnurrbärtige Gesell hatte lange bei dem trüben Scheine

seiner Handlaterne, an demselben zu studiren,
bevor er ihn mir wieder zurückreichte und mich
als unverdächtig passiren ließ; und doch vermuthe
ich, daß der brave Bursche auch nicht eine Silbe
desselben zu lesen verstand, denn mein Paß war
ein französischer und mir von dem Gouverneur
zu Quebeck ausgestellt worden. Französisch zu
lesen, verstanden die Soldaten des großen Friedrich
nicht, aber die Franzosen zu schlagen, wo sie sich
blicken ließen, das verstanden sie um so meister-
hafter. Doch mochte der Alte nun auch lesen
können oder nicht, mein Herz jauchzte vor Freuden
laut auf, als ich an ihm die wohlbekannte Uniform
wieder sah, und meine dankbare Hand ließ in
der seinen, eine reichliche Entschädigung für die
Mühe zurück, die ich ihm verursacht hatte.

Am nächsten Tage erreichte ich Havelberg.
Von dort aus schlug ich am folgenden Morgen
zu Fuß, den Weg nach meiner Geburtsstätte ein.
Ich hätte es unmöglich ertragen können, einen
Beobachter in meiner Nähe zu wissen, und wäre
es auch nur der Kutscher gewesen, der seine Gäule
antrieb. Mehr als dreißig·Jahre hatten in der
Physiognomie der Gegend nichts geändert; denn

die Natur bleibt ewig gleich jung, gleich schön
und immer dieselbe. Was des Menschen Hand
in sie hinein schafft, oder in ihr zerstört, fällt selten gewichtig genug in die Schaale, um das Cha-
racterbild des Ganzen zu ändern. Der Mensch
haut einen Wald um und pflanzt sein Korn auf
dem freigewordenen Platze; er legt einen Sumpf
trocken und baut sein Haus darüber, oder gar
sein Dorf; aber die Ströme wandeln fort in
ihrem Bette, die Flüsse und Bäche tanzen unbe-
hindert abwärts mit den rauschenden Wellen;
die Berge heben nach wie vor, ihre ragenden Häup-
ter empor in unveränderter Gestalt; und wenn
die fleißige Hand des Menschen ruht, formt die
Natur aus sich selbst heraus wieder das Ursprüng-
liche, ihr ewig Eigene. Des Menschen Hand
schafft oder zerstört nur vorübergehend, aber die
Natur ruht nimmer und wirkt ewig fort in gleicher
Weise, still und geräuschlos.

So war es auch hier.

Wälder waren gefallen und die grüne Saat
wogte, wo einst die hohen Wipfel gerauscht hatten; aber einstmals üppige Aecker standen verlassen und unbebaut und die jungen Schößlinge

eines neuen Waldes, hoben die grünen Wipfelchen empor über dem vereinsamten Brachfelde. Je näher ich der alten, lieben Heimath kam, je sichtbarer wurde der Wechsel im Einzelnen und je mehr war doch Alles, im Ganzen das Gleiche geblieben.

Da stand das alte Gasthaus an der Landstraße, vor dem Eingange des Dorfes, aber unbewohnt und drohte dem Einsturze; obschon noch immer über der halb versunkenen Thür, das alte eiserne Wirthshausschild im Winde knarrte, und noch immer der Husar mit hochgeschwungenem Säbel stolz daher galoppirte, trotzdem der einst so prunkende, rothe, im Winde flatternde Dolman, gar arg schäbig geworden und Schweif und Vorderfüße seines Schimmels, vom Roste weggefressen waren. Unberührt von dem Verfalle des Dolmans, des Schimmels, und des Hauses selbst, schaute jedoch der alte, mächtige Birnbaum neben dem Hause, noch ganz so breit, noch ganz so grün, und noch ganz so blüthenbedeckt über die Hecke, wie einst.

Und dann kam der Weg zum Schlosse. Der Vater hatte ihn mit Saurenkirschbäumen zu beiden Seiten bepflanzen lassen; und wir Buben hatten die Zeit kam erwarten können, wo die jungen Stämmchen Kirschen tragen würden. Da standen sie nun, fest an einander geschlossen und mit den Kronen in einander greifend, erwachsen zu mächtigen Bäumen; und dann — kam das Schloß selbst. Seine Mauern standen noch, jedoch vom Rauche geschwärzt, mit leeren Fensterhöhlen, klaffenden Rissen und dachlos. Aber die uralten Linden auf dem Vorplatze standen auch noch, und obwohl ein Theil ihrer Zweige, dürr und verkohlt, traurig hinausstarrte in die weiche Frühlingsluft, so grünte doch der andere Theil um so lustiger und mühte sich liebevoll, die verbrannten Kame= raden mitleidig zu verhüllen, mit ihrer eigenen grünen Blätterdecke, und Tausende von Blüthen dufteten wie sonst, und Tausende von Bienen summten in diesen Blüthen — wie sonst.

Wie manche heiße Mittagsstunde hatte ich unter dem kühlen Schatten dieser Linden, als Knabe und Jüngling verträumt und dem Sum= men der Bienen, in dem Blüthendache über meinem Haupte gelauscht, bis über alle dem Grünen und Blühen, Summen und Brummen die Träume unvermerkt hinüber geschwommen waren, in Traum

und Schlummer. Köstliche, wonnige Stunden!
Ich warf mich in das hohe Gras, schloß die
Augen und horchte wieder, mit bittersüßer Weh-
muth. —

Bald standen sie alle wieder vor meinen geschlossenen Augen, die einst die Heimath mir zur
Heimath gemacht hatten.

Dort tummelte sich der wilde Kurt im Grase,
und des Vaters hohe, kräftige Gestalt, stand vor
ihm und schaute mit dem gutmüthig lächelnden
Antlitz, auf ihn hinab und seine Stimme ermun-
terte ihn zu immer tolleren Streichen. Neben mir
saß die Mutter, mit dem feinen, zarten Antlitze
und lächelte ihnen zu. Ich aber legte schmeichelnd
mein Haupt in ihren Schooß und sie zog mich an
die Brust und küßte mein Gesicht; sie strich das
flatternde Haar mir aus der Stirne und sang
dazu mit leiser Stimme, das Lied von Herrn Or-
lofs Brautfahrt.

Plötzlich traf ein Vergißmeinnichtstrauß meine
Wange, und als ich überrascht mich umwandte,
da saß Anna zur Seite, das Schürzchen mit Blu-
men gefüllt und einen Kranz windend. Hastig
sprang ich empor, um ihre kindische Neckerei mit

einer gleichen zu erwiedern; aber sie floh vor mir, tiefer und immer tiefer hinein, in das dichte Ge= büsch und als ich endlich glaubte, sie erhaschen zu können, — da stand ich einsam an dem Ufer des brausendes Meeres und Anna, nicht das Kind, — nein Anna, mein theures, herziges Weib, schwebte über den öden Wellen und breitete sehn= süchtig die Arme mir entgegen; und wie sie tiefer und tiefer sank, da klang über den Wassern, eine weiche, wehmüthige Melodie und an mein Ohr schlugen die Worte, die schmerzlich bewegten, trauer= vollen Worte eines alten Volksliedes, in ihrer rührenden Einfachheit:

Sag' mir das Wort, das dereinst mich hat bethört,
Lang', lang', ist's her!
Sing' mir das Lied, das ich einst so gern gehört,
Lang', lang' ist's her! —
Du nur, nur Du, mir das Glück wieder giebst;
Weiß gar nicht mehr, wie so lang Du ausbliebst, —
Weiß ja nur, daß Du dereinst mich hast geliebt —
Lang', lang' ist's her; lang' ist's her! — —

Leiser und leiser, wie Harfengeflüster und Har= monikaglocken, verschwammen Lied und Wort über den Wogen, in denen Anna versank. Anna, theure, liebe, unvergeßne Anna!

So träumte ich geraume Zeit; dann aber er=

hob ich mich und schritt langsam, den Weg durch
die Straße des Dorfes nehmend, dem Pfarr-
hause zu.

Auch im Dorfe sah es traurig und wüst aus.
Kinder, mit hellglänzendem Flachshaar und zerrissenen Hemdchen, zogen sich scheu zurück, hinter
den vor den Häusern aufgehäuften Düngerhaufen;
Weiber mit verwirrten Haaren und schmutzigen
Kleidern, schlankgewachsene Männer mit hungrigen
Augen, schauten durch erblindete, kleine Fenster-
scheiben, oder über Thüren, die in der Mitte getheilt waren und deren obere Hälfte offen stand,
um dem Rauche des Küchenfeuers freien Abzug
zu lassen. Alles sah elend, verwildert, verarmt
aus.

Viele Häuser, die ich einst gekannt, lagen in
Schutt und Trümmern und selten nur war hier
oder dort ein Versuch gemacht worden, ein neues
Gebäude an die Stelle des alten zu setzen. Kein
einziges bekanntes Gesicht erschien mir unter Allen, die mir begegneten. Welch ein Wechsel gegen
sonst und jetzt! —

Endlich gelangte ich an den See. Da lag er
vor mir, mit seinen tiefdunkelblauen Wellen, un-

verändert, immer noch wie einst, zwischen den
schwarzbewaldeten Hügeln, die seine Ufer um-
rahmten. Selbst die Rohrgelege und die Binsen-
plätze, welche das Gestade umsäumend, hier und
dort in seine stille Fluth hineintraten, waren die
gleichen geblieben und hatten nur im mäligen
Fortschritte der Jahre weitere Wurzeln geschlagen,
und sich vergrößert. Dort, an jenem Vorsprunge,
hatte ich Tage lang mit der Angel gesessen; in
jenem Binsenbruche hatte ich die erste Wildente geschossen! In jener Bucht ging der Hecht vor-
zugsweise gern zur Laiche und dorthin waren wir
(wie oft!) in finsterer Februar- und Märznacht
hinausgefahren in dem leichten Nachen, um bei
dem Schimmer leuchtender Fackeln, die am Grunde
friedlich Schlummernden, mit dem blinkenden
Speere herauszustechen! — Drüben auf der Höhe
stand noch immer, über alle Buchen hinwegschau-
end, die große Fichte, bei der ich zum ersten Male
in meinem Leben, auf dem Anstande einen Rehbock geschossen! Dort in der Niederung, ragte
auch noch die Eiche empor, von der aus meine
Büchse den Vierzehnender fällte. Ich erkannte sie
gleich wieder an der Breite ihres Geästes und an

der Trockenheit ihres Wipfels! — — Hie war
Alles unverändert, aber ich, ich? — —

Sinnend wandte ich mich ab.

Die schadhafte Mauer, die damals den Pfarr-
garten von dem Wege abgetrennt hatte, war fast
ganz verschwunden; nur vereinzelte mächtige
Steine kennzeichneten noch die Linie, in der sie
aufgeführt gewesen war. Die junge Kiefernscho-
nung, an die einst der Garten grenzte, war erwachsen zum hohen, mächtigen Walde; aber die
alten wilden Birnbäume hatten sich nicht von
ihm verdrängen lassen und ihre mächtigen Kronen, mit dem hellgrünen Laube zeichneten sich
fröhlich ab, von seinen dunklen Nadeln und die
weißen Birken schimmerten noch immer glänzend
hindurch zwischen den dunkelbraunen Stämmen. —
Von der einfachen Gartenlaube, in der ich einstmals mich mit Anna verlobte, war auch die
letzte Spur verschwunden; wohl aber stand noch
dort der unglückselige Apfelbaum, über dessen
hervorragende Wurzel mein Bruder fiel und dann
durch seine wilde Heftigkeit mich zum unfreiwilli-
gen Mörder machte. Das Blut, das dort der
Boden getrunken, seines, wie meines, war längst

aufgesaugt, verzehrt vom Strahle der Sonne, verweht vom streifenden Winde, verwaschen von dem Regen des Himmels; aber trotz alledem, erkannte ich die Stelle wieder. — Ach, mit welchen Empfindungen! —

Das Pfarrhaus stand noch; es war sogar neu getüncht und schaute mit seinen grünen Fensterläden recht freundlich und einladend von dem Hügel hernieder. Hinter jenem Fenster dort war Annas Zimmer gewesen. — Lang', lang' ist's her, lang' ist's her! — seufzte ich traurig vor mich hin, indem ich wehmüthig nach ihm hinaufschaute.

Ich traute mir nicht Stärke genug zu, um den Eintritt in das Haus zu begehren, und ver= schluckte eine bittere, bittere Zähre, die unbewußt an meiner Wange herniedertropfte. Was sollte ich auch dort? — Zögernd wandte ich mich ab und schritt auf die geöffnete Pforte des Fried= hofes zu.

Die gleiche Verwahrlosung und Zerstörung, die ich überall bisher bemerkt, zeigte sich auch hier. Die Gräber waren eingesunken, von Un= kraut überwuchert und größtentheils dem Erd=

boden gleich). Am traurigsten sah die Kirche aus,
von ihr stand nur noch ein Theil der westlichen
Seitenwand; Alles übrige war ein Trümmer-
haufen, theilweise schon von Nesseln und Gräsern
überwachsen. Man hatte zwar einmal begonnen
gehabt, den Schutt aufzuräumen, aber die traurige Arbeit war bald wieder eingestellt worden.
Unsere Familiengruft lag tief unter dem Schutte
vergraben. Also auch nicht einmal den Trost gewährte mir die Heimath, an dem Grabe meiner
Lieben mein Gebet verrichten zu können! —

Während ich noch trüben Sinnes und gebeugten Hauptes auf der Stelle stand, wo ich
die theuren Gräber zu finden gehofft hatte, hörte
ich nahe bei mir ein leises Geräusch und bemerkte,
als ich mich umwandte einen Menschen, der aus
der Tiefe einer Gruft neugierig nach mir ausschaute. Er war offenbar der Todtengräber.
Ich rief ihn an und erkundigte mich nach der
Ursache der Verwüstung, die ich überall wahrgenommen.

Der Mann, der die Mitte der Fünfziger erreicht haben mochte, hob sich mit einiger Anstrengung aus dem Grabe hervor und trat zu mir

heran. Jetzt bemerkte ich auch, daß er einen
Stelzfuß trug. Er betrachtete mich mit großer
Genauigkeit und vieler Seelenruhe von Kopf bis
zu Fuß, aufwärts und abwärts und sprach dann
gelassen:

Seiner Sprache nach ist der Herr ein Fremder,
sonst würde er auch wohl wissen, daß das Dorf
zweimal während des siebenjährigen Krieges von
den Russen geplündert, gebrandschatzt und ange-
zündet worden ist. Das zweite Mal haben wir
ihnen indessen ordentlich heimgeleuchtet und dabei
ist die Kirche zusammengeschossen worden, worin
sich die versl— Rackers verschanzt hatten. Von
wegen der Kirche, da müssen wir uns vorläufig
noch immer mit der Krugwirthschaft behelfen, denn
der Teufel mag wissen, wo das Geld dazu herkom-
men soll. Na, es geht auch ganz gut im Kruge.

Weiter erfuhr ich noch, daß die jetzige Guts-
herrschaft schon seit langen Jahren nicht mehr
hierhergekommen sei und das Gut von einem Ver-
walter bewirthschaftet werde, der, wie mein Ge-
währsmann sich ausdrückte, zwar nichts von der
Landwirthschaft verstehe, dafür aber in allen anderen Dingen desto dümmer sei.

Es war im Ganzen, ein roher Bursche, dieser Todtengräber. Er war Soldat gewesen und hatte eine Marketenderin geheirathet; die schwarze Lene, die aus dem Dorfe gebürtig war. Er hatte sein Bein bei Kollin gelassen und war dann mit der Lene, die sich etwas zusammengespart hatte hierhergezogen, wo er den Dienst des Todtengräbers sehr wohl mit dem des Nachtwächters zu verbinden wußte. Von den Grafenbergs, denen das Gut früher gehört hatte, wußte er nur, daß das eine wahre Satansbrut gewesen, von der vom Vater auf den Sohn, immer einer den andern todtgeschlagen habe, bis zuletzt keiner mehr übrig geblieben sei. Jochen Torgelow, ein Verwandter seiner Frau, war bei Zorndorf gefallen.

Also auch hier kam ich zu spät, um den Liebesdienst zu vergelten, den der brave Jochen einst meiner Anna und mir erwiesen hatte. Auch er, todt! — —

Ich hatte Alles in Erfahrung gebracht, was ich zu wissen wünschte und ging weiter.

Schutt, Trümmer, Verwüstung, Tod, böser Leumund, das war Alles, was ich hier wieder gefunden. Es ward mir unheimlich auf diesem

Boden. Ach, hier in der Heimath war ich ver-
laſſener, als überall.

Ich verließ den Kirchhof und ſchritt auf die
Landſtraße zurück. In der Nähe derſelben barg
ich mich in einem Gebüſche, das mich den Augen
irgend eines zufällig Vorübergehenden entzog, mir
aber den Blick über den See geſtattete. Dort ſaß
ich, meine nächſte Zukunft überdenkend. Was
mich hierher getrieben, kam mir jetzt erſt zum ent-
ſchiedenen Bewußtſein, nämlich die unklare, un-
beſtimmte Sehnſucht, meine Tage in der Heimath,
oder doch in möglichſt großer Nähe meines Ge-
burtsortes zu beſchließen. Das Gefühl des Allein-
ſeins, der gänzlichen Verlaſſenheit hatte mich be-
drückt. Jetzt leiſtete ich auf dieſen Gedanken voll-
ſtändig Verzicht, denn ich konnte es nicht ertragen, zu wiſſen, daß auch nicht Einer von denen,
die mir in der Jugend in Liebe nahe geſtanden,
noch exiſtire; daß kein Freundesauge mehr in
Verſuchung gerathen könne, mich wieder zu erkennen; keine Freundeshand ſich jemals wieder aus-
ſtrecken werde, um den Druck der meinen zu erwiedern. Selbſt hier, wo ich geboren worden,
war ich vergeſſen, verſchollen. So wollte ich denn

nun auch vergessen und verschollen bleiben, vor
aller Welt. Was mich eben noch belastet und
gebeugt, ich warf es von mir und mein Haupt in
ingrimmigem Troße erhebend, sprach ich zu mir:
Ich will fortan allein stehen, in der Welt. Ich
will niemanden mehr kennen, als mich selbst und
für niemanden mehr, soll sich mein Herz wieder
öffnen und in Theilnahme schlagen. Die Welt
will nichts von mir, ich will von der Welt nichts
mehr. Unsere Abrechnung ist geschlossen, wir sind
quitt miteinander! —

Dann erhob ich mich eilig und ohne auch nur
einen letzten Blick zurückzuwerfen über die Stätten,
die mein Kinderfuß beschritten, schlug ich hastig
den Rückweg nach Havelberg ein, und machte mich
in derselben Nacht noch auf die Reise, um London wieder zu gewinnen.

Mein ganzes, dort deponirtes Vermögen zog
ich aus der Bank zurück und kaufte dafür in
Amsterdam Brillanten, die sich leicht tragen und
verbergen ließen. Nur einen geringen Theil meines Geldes behielt ich zur augenblicklichen Verfügung zurück. In Rom, dem großen Trümmer-
haufen einer vergangenen Zeit wollte ich den Tod

erwarten. Ruinen und Schutt, das war es, was zu meiner Stimmung paßte.

Mein Diamanten befanden sich in einer Büchse verschlossen. Ich trug sie neben meinem baaren Gelde und einer Anweisung auf Rom, in einem Ledergürtel, auf dem bloßen Leibe. Um so viel als möglich mir selbst überlassen und unabhängig zu sein, hatte ich beschlossen zu Fuß von Holland aus Deutschland zu durchwandern und durch die Schweiz nach Italien zu gehen.

Ich wollte rasten, wo es mir gefiel; ich wollte weiter gehen, wann es mir gefiel; je nachdem Lust und Laune mich vorwärts treiben und zurückhalten, oder nach rechts und links auszubiegen, mich verlocken würden. Um nicht aufzufallen, wählte ich zu meiner Tracht die Kleidung des geringeren Bürgerstandes.

So war ich denn endlich auf meiner einsamen Wanderung in dem altehrwürdigen Basel und auf schweizerischem Boden angelangt; aber anstatt jetzt den nächsten Weg zum Ziele meiner Wanderung einzuschlagen, widerstrebte es mir, mich von den herrlichen Ufern des Rheines zu trennen, dessen grünen Wellen ich so lange entgegenge=

schritten war, und ich beschloß auch ferner noch
dem Laufe desselben zu folgen, so weit als möglich.

War dieser Entschluß das Ergebniß einer
bloßen Laune, oder mochte er begründet sein, in
dem heimlichen Verlangen, die deutsche Muttererde
nicht einen Augenblick früher zu verlassen, als irgend
nöthig, das habe ich mir nie zu vollständiger
Klarheit zurecht legen können. Genug aber, dieser
kleine Umstand entschied mein ferneres Geschick
dahin, daß mein Gebein, wenn auch an der fern=
sten Grenze des Vaterlandes, dennoch in deutscher
Erde bestattet werden wird, denn ich habe Deutsch=
land nicht verlassen. Der Mensch denkt und
Gott lenkt. —

Es war ein glühend heißer Tag, um die Mitte
des Augustmonates, als ich das freundlich gelegene
Städtchen Waldshut verlassend, der vielfach ge=
wundenen Landstraße nachfolgte, welche aufsteigend
den hochgelegenen waldbedeckten Klettgau durch=
schneidet, um das Städtchen Thiengen zu erreichen.

Nach mehrstündiger Wanderung ließ ich mich
erschöpft an dem Ufer eines freundlichen Baches
nieder, den ich soeben auf einem schmalen, höl=
zernen Brücklein überschritten hatte, um unter dem

Schatten der breitwipfligen Bäume, welche sein Gestade umsäumten, einer erquickenden Kühlung froh zu werden. Der Bach hieß die Schlücht.

Vor mir durch die Gipfel der Bäume hindurch, sah ich in mäßiger Entfernung das Dach eines hohen schloßähnlichen Gebäudes und den Thurm einer daran stoßenden Kirche emporragen. Dort lag Thiengen. Der Ton der Glocken, welche von der Höhe des Thurmes zur Vesper riefen, schwebte gedämpft zwar durch die Entfernung, aber deut= lich zu mir herüber.

Hingestreckt in das weiche, duftige Moos und Haidekraut, überließ ich mich ganz dem wollüsti= gen Behagen, die Blätter über mir flüstern und wispern zu hören uud den Wellen des Baches neben mir zu lauschen, welche schäkernd mit den trägen Steinen und Blöcken scherzten, über welche sie tanzend dahinglitten oder an die sie zornig auf= sprudelnd anstießen, oder von denen sie murmelnd und grollend in kleinen, blitzenden Kaskaden hin= absprangen und dann mit unwillig=krausen Häup= tern, in beschleunigtem Laufe, der kalten, finster blickenden Wutach zueilten, die ganz in der Nähe ihnen auflauernd, sie gleich in ihrem eigenen

Schooße weiter hinab trug zum jugendlich froh
dahinströmenden Rheine. Dazu kühlte der sanfte
Hauch des Windes meine heiße Brust, er erfrischte
meine glühende Wange und trocknete sanft die Perlen
des Schweißes von meiner Stirn, während der ferne
Glockenschall auf seinen harmonischen Schwingen
die Luft durchzitterte.

O es waltet ein eigenthümlicher Zauber in
dem milden Tone fern daher klingenden Glocken-
geläutes, und mein Gemüth hat sich dem Ein-
flusse desselben nie zu entziehen vermocht. Es
stimmt mich weich, milde und versöhnlich. Es
redet zu mir in einer Sprache, die mein Herz
versteht. Es schmeichelt sich ein in mein Ohr,
als locke die Mutter mich mit süßem Kosen an
ihre Brust; und indem ich mich willig ihren Lieb-
kosungen hingebe, löst sich der Schmerz und die
Beängstigung meiner Seele, in wehmüthig ernster
Beruhigung und seligem Frieden. Es giebt kein
Werk der Menschenhand, selbst die gewaltig daher-
brausende, Mark und Bein erschütternde Orgel
nicht ausgenommen, das in einfacherer Weise und
in besänftigenderer Wirkung zu meinem Herzen zu
reden verstünde, als die einsame, hoch in den Lüf-

ten schwebende Glocke; die Künderin der fliehen-
den Zeit, die Weckerin des schlafenden Gewissens,
die Mahnerin zum Gebete, die Warnerin vor Gefahr, die treue Theilnehmerin an unsrer Lust,
die trauernde Begleiterin auf unserm letzten Gange.
Wo und wann ich sie auch hören möge, immer
horche ich auf ihren freundlichen Ruf und immer
findet sie den Weg zu meinem Herzen, in der
Freude und im Leide.

Aus der träumerischen Versunkenheit, in welche
Bach, Wald und Glockenklang mich eingelullt
hatten, schreckte mich der scharfe Schmerzensschrei
einer Kinderstimme auf, gefolgt von einem leisen,
ängstlichen Wimmern. Ich raffte mich auf und
ging dem Schalle nach. Das Ufer war weithin
mit Steinblöcken übersät, welche der Bach von
dem Gebirge herab hier her gerollt hatte, wenn
er von Schneeschmelze und Regengüssen überschwel-
lend, mit brausender Fluth das Thal durchtobte.

Ein Kind, ein Mädchen, von acht bis neun
Jahren, saß mit thränenüberströmtem Antlitze auf
einem Felsstücke und hob mit rührendem Flehen
die großen, blauen, hülfesuchenden Augen zu mir
auf. Sie war, von einem Stein auf den andern

springend in kindischer Lustigkeit, auf dem glatten
Moose ausgeglitten und der kleine Fuß hatte sich
gewaltsam zwischen beiden Steinen eingeklemmt
und verrenkt, ohne daß sie nun im Stande gewesen wäre, denselben aus seiner gefährlichen Lage
wieder befreien zu können.

Eine junge Gais stand neben ihr auf dem
Steine, unruhig darein schauend, als wollte sie
fragen, warum das Kind hier verweile, oder es
auffordern, doch weiter mit ihr zu springen in
lustigem Spiele. Eine zweite weidete neben der
Mutter ganz unbekümmert, einige Schritte zur Seite.

Die Worte, die das geängstete Kind mir in
ihrer, mir auch sonst schon schwer verständlichen
Mundart entgegen rief, habe ich schon um deswillen nicht verstanden, weil ich ihrer gar nicht
achtete, indem mich nicht allein der Klang ihrer
Stimme, sondern vielmehr der Ausdruck ihres
lieblichen, schmerzbewegten Antlitzes überraschte
und betroffen machte.

Diese Stimme war die Stimme Claires, meines süßen, ertrunkenen Mädchens! — Ebenso, wie
diese wilden, blonden Locken auf des Kindes
Schultern in natürlicher Anmuth hernieder fielen,

ebenso hatten Claires Locken ihr Haupt umwallt.
So, gerade so, hatte Claire aufgeblickt mit ihren
sprechenden, blauen Augen; und die ganze Form
dieses Antlitzes, der ganze Ausdruck dieses holden
Gesichtchens, war das treue Abbild der Züge
meiner geliebten, verewigten Claire!

Die schreckliche Vergangenheit, die traurige
Wirklichkeit war in der Ueberraschung des Augen-
blickes ausgelöscht aus meinem Gedächtnisse. Ja,
das war Claire, mein herziges Kind, das ich hier
vor mir sah, und freudig ihren Namen rufend,
stürzte ich ihr entgegen. Mit einer Anstrengung,
die weit über das Maß meiner gewöhnlichen Kraft
hinausging, warf ich den Stein, der des Mädchens Fuß eingeklemmt hatte, von seinem Lager
und riß das Kind an meine Brust, mit wilden
Freudenküssen ihr Haar, ihr Antlitz, ihren Mund
bedeckend.

Das Kind weinte leise, indem es mit seinen
Armen meinen Nacken umfaßt hielt. Ach, nur zu
bald endete die Wonne der Täuschung und die
nackte, grausame Wirklichkeit trat siegreich mit
dem schonungslosen Fuße auf den Nacken meines
köstlichen Phantasiegebildes.

Laut aufseufzend, ließ ich das arme Kind sanft an meiner Brust hernieder gleiten; und jetzt erst bemerkte ich, daß sie nicht im Stande war, auf ihrem beschädigten Fuße sich aufrecht zu erhalten.

Ich versuchte es, den kranken Fuß, der bereits anzuschwellen begann, in das Gelenk wieder zurückzubringen und es gelang mir, obschon das schmerzliche Wimmern des Kindes mir tief durch die Seele schnitt und ihr Schmerz mich fast von meinen Bemühungen zurückgeschreckt hätte. Nachdem ich den Knöchel fest mit meinem Taschentuche umwunden hatte, trug ich die Kleine an den Rand des Baches und ließ sie den Fuß in seinen vorübereilenden Wellen kühlen. Die Kleine fühlte bald Linderung und erzählte mir nun:

Sie sei des Steffen-Marten Tonele; der Vater und die Mutter wären mit dem Friedele, der noch arg klein sei, auf dem Acker zum Korn sicheln und sie habe sollen die alte Gais mit den jungen Gaisen weiden lassen. Jetzt aber pressire es ihr wieder nach Haus, denn die Sonne wolle untergehen und die Gais müsse noch vor dem Nachtessen für den Friedele gemolken werden.

Ich begriff, daß des Kindes Ausbleiben die

Eltern beunruhigen würde und nahm dasselbe, da
es auf dem beschädigten Fuße weder zu stehen
noch zu gehen vermochte, auf meinen Rücken und
trieb mit meinem Reisestecken die lustigen Gaisen
langsam auf dem Wege nach Thiengen vorwärts.
Die braven Thiere schienen indessen mehr auf die
Stimme des Mädchens zu achten, als Scheu vor
den Schrecken meines Stockes zu fühlen, und be=
zeigten sich im Ganzen weit gefälliger und füg=
samer, als man nach den capricieusen Launen die=
ser Thiere und meiner Unkenntniß in Leitung der=
selben, billiger Weise hätte erwarten dürfen. Ge=
nug, wir kamen sammt und sonders, nicht nur
im Städtchen, sondern auch vor Steffen=Martens
Hause richtig an, woselbst sich meine kleine Heerde
sofort, ohne fernere Weisung zu erwarten, in den
offen stehenden Stall begab, und ich meine kleine
Schutzbefohlene den Händen ihrer überraschten
Mutter überlieferte.

Ich empfahl derselben, was ich zur schleunigen
Wiederherstellung der Kleinen für nothwendig er=
achtete, und die Letztere wollte mich nicht eher
wieder entlassen, bevor ich ihr nicht das Verspre=
chen gegeben, sie vor meiner Weiterreise noch ein=

mal zu besuchen. Ich hätte auch ohne dies Versprechen es nicht vermocht, mich so bald wieder
von dem lieben Kinde zu trennen, an dessen Anblick die freundlichsten, wie die schmerzlichsten Erinnerungen meiner Vergangenheit sich anklammer-
ten; und das in den wenigen Stunden, welche
unsere Bekanntschaft umspannten, schon so große
Zuneigung für mich gefaßt zu haben schien, wie
ich für sie. Der Zustand der Kleinen besserte sich
täglich und ihre Anhänglichkeit gegen mich nahm
mit jedem Tage ersichtlich zu. Wie hätte meine
Hinneigung da nicht mit der ihren gleichen Schritt
halten sollen! Jetzt wollte, jetzt konnte ich mich
nicht mehr von ihr trennen. Ich hatte ja wiedergefunden, was mein sehnendes Herz für immer
aufgegeben und verloren gewähnt hatte — die
Liebe eines andern theuren Wesens.

Was war es denn anders gewesen, was mich
hinausgetrieben hatte in die Welt, als das Gefühl meiner ungeheuren Verlassenheit? Was war
es denn anders gewesen, was den Entschluß in
mir gereift hatte, von der Welt mich zurückzuzie-
hen, als der Mangel an einem liebenden Herzen?
Ach, mein wundes Herz war noch immer der

Liebe bedürftig und schmachtete und dürstete nach Liebe, gleicherweise, wie es sich sehnte, seine eigene Liebe auf ein anderes Wesen zu übertragen. Der ohnmächtige Trotz, der mich sprechen ließ: die Welt will nichts von mir, ich will von der Welt nichts mehr! — war längst gebrochen, seitdem der warme Sonnenschein der Liebe aus den Augen dieses Kindes in mein Herz gefallen war. —

Wodurch aber sollte ich mein Hierbleiben recht= fertigen ohne die Aufmerksamkeit und die Nach= forschungen nach meinen früheren Verhältnissen herbeizuführen, die ganz außer dem Plane lagen, auch ferner still und unbekannt den Rest meines Lebens abzuspinnen? — Schon jetzt hatte mein längeres Verweilen in dem kleinen Städtchen mir der neugierigen Fragen über: Wer? Woher? Wohin? Weshalb? Warum? mehr zugezogen, als ich zu beantworten Lust und Beruf verspürte.

Ein einsamer Spaziergang entschied endlich auch hierin mein weiteres Verhalten.

An der Nordseite des Städtchens, in unmittel= barer Nähe der Kirche und des Schlosses, springt aus einem vorüberlaufenden Gebirgszuge ein mäßiger Hügel, mit abgerundeter Kuppe hervor.

Diesen erstieg ich gern und oft, um mich der
weiten, schönen Aussicht zu erfreuen und das
Menschengetreibe in den Gassen der kleinen, zu
meinen Füßen sich entfaltenden Stadt zu betrach=
ten, da deren alterthümliche Bauart das ohnehin
so malerisch vor meinen Augen liegende Bild, mit
ganz besonderen Reizen schmückte.

Hier saß ich auch eines Abends in stiller Be=
schauung, als plötzlich der Gedanke meine Seele
durchblitzte: Bleibe hier oben für immer! Du hast
hier Alles, was Du begehren magst. Ruhe und
Abgeschiedenheit von der Welt und dennoch einen
freundlichen Einblick in das enge menschliche Leben
und Weben und die weite, reichgeschmückte, er=
habene Natur. Hier hast Du nicht nöthig, Dich
von dem kleinen Tonele zu trennen. Du wolltest
wie ein Einsiedler leben, unter fremden Menschen
in dem fernen Rom; siedle Dich an als Einsiedler
hier auf diesem Berge, unter Deinen Lands=
leuten, in Deinem Vaterlande!

Der Gedanke zündete in meiner Brust und ich
beschloß ihn ohne Aufschub in Vollzug zu setzen.

Der Berg gehörte mit weitläuftigen Geländen
dem Kloster zu Rheinau; ich mußte mich also

für meine Ansiedlung des Schutzes und der Ge=
nehmigung seitens des dortigen Abtes zu ver=
sichern suchen. Würde ich diese erlangen? —
Ich war Protestant, Ketzer, vielleicht der einzige
in der katholischen Bevölkerung viele, viele Tage=
reisen im Umkreise.

Trotz der erheblichen Zweifel, welcher dieser
Umstand gegen den glücklichen Erfolg meines
raschen Entschlusses erwecken mußte, ließ ich mich
von meinem Vorhaben dadurch doch nicht ab=
schrecken und wanderte, nachdem ich am folgenden
Morgen, für einige Tage Abschied genommen
hatte von dem kleinen Tonele, rheinaufwärts, nach
dem stattlichen Kloster Rheinau.

Der Abt, nur „der gnädige Herr" ge=
nannt, war ein Mann, der weitaus die Mitte
des Lebens überschritten hatte. Er empfing
mich mit einer Würde und Leutseligkeit, die ihm
sofort mein völliges Vertrauen erwarb. Ich be=
richtete ihm mit Aufrichtigkeit alle die mannig=
fachen Trübsale meines bewegten Lebens und den
Entschluß den ich gefaßt, dasselbe in völliger Ab=
geschiedenheit von der Welt, als Einsiedler, be=
schließen zu wollen. Ich erklärte ihm meine Be=

reitwilligkeit, für den Fall, daß er seinen mäch=
tigen Schutz mir angedeihen und die Erlaubniß
mir ertheilen wolle, mich an die von mir bezeich=
nete Stelle zurückziehen zu dürfen, sofort zum
Besten des Klosters einige Diamanten, im Werthe
von 40,000 Franken in seine Hände niederzulegen.
Zuletzt gestand ich ihm, daß ich nicht Katholik,
wohl aber entschlossen sei, weder in Worten noch
in Werken, gegen die durch den katholischen
Cultus gebotenen Lehren und äußerlichen Formen
zu verstoßen, oder irgendwie ein Aergerniß zu
geben.

Wie ich erwartet, hatte ich nach dieser Eröff=
nung einen harten Kampf zu bestehen, in dessen
Einzelnheiten einzugehen ich hier jedoch unterlasse.
Es wird genügen, wenn ich sage, daß ich nach
acht Tagen, während welcher Zeit ich täglich ver=
trauliche Unterredungen mit dem Abte hatte, unter
Genehmigung meiner Bitte schied. Dagegen war
mir als heilige Pflicht auferlegt worden, auf das
Gewissenhafteste meinen Versprechungen nachzu=
kommen und überdies mich gründlich mit den
Lehren der katholischen Religion vertraut zu
machen. Zu diesem Behufe wurde ich reichlich

mit Büchern und Schriften ausgestattet; denn der würdige Prälat zweifelte durchaus nicht daran, daß eine ganz besondere Führung Gottes mich hierher geleitet habe, um von meinem Irrglauben bekehrt und durch seine eigene Vermittelung in den gnadenreichen Schooß der allein seligmachenden Kirche bald wieder aufgenommen zu werden. Schließlich ·hatte ich die Verpflichtung zu übernehmen, nach Verlauf von drei Monaten mich stets wieder persönlich zu gestellen, Rechenschaft abzulegen von meinen Studien und seinen Unterricht und seine Belehrung zu empfangen. Dagegen wurde mir seinerseits die unverbrüchlichste Verschwiegenheit über meine Verhältnisse, gegen jedermann zugesagt.

Diese Zusage hat mir der Herr Abt auf das Redlichste gehalten; denn als nach Verlauf eines halben Jahres derselbe, ohne· voraufgegangene Krankheit, todt in seinem Bette gefunden wurde, ist weder von seiten seines Nachfolgers, noch von anderer Seite her, ein weiterer Versuch zu meiner Bekehrung gemacht worden. Der gnädige Herr hatte mein Geheimniß mit sich in das Grab genommen.

Aber auch ich habe mein ihm geleistetes Wort mit derselben Ehrenhaftigkeit gehalten, und ich konnte es mit gutem Gewissen. Denn es giebt nur einen Gott, den Gott der Christen; und dieser fragt nicht: Hast Du mich nach katholischem, oder nach lutherischem Ritus verehrt? Wohl aber wird er darnach fragen: Hast Du meine Gebote gehalten und geübt, auch gegen Deinen Nächsten, wie Dich selbst? —

Ich habe mich bemüht gewissenhaft diesen Geboten nachzukommen, nach meiner schwachen Kraft und menschlichen Gebrechlichkeit, aber ich habe keinen Werth darauf gelegt, in welcher anderen Weise ich dem höchsten Wesen meine Verehrung zollte. Doch Du, o Herr, der Du die Herzen und die Nieren prüfest, wirst um deswillen keinen Trug finden, weder an dem frommen Abte, noch an mir, sondern Du wirst uns richten, nach Deiner Gnade!

Fröhlichen Muthes kehrte ich nach Thiengen zurück, woselbst ich mir auf dem vorerwähnten Berge ein kleines Haus errichten ließ, das mit einem Thürmchen versehen und von einem kleinen Garten umgeben wurde. Ich trug das Kleid des

Ordens und wenn von der Kirche der Glocken
Schall zur Messe und zum Gebete rief, ließ auch
ich stets das helle Glöcklein auf dem Thurme
meines Häuschens weit hinaus klingen über Wald
und Feld; über Thäler und Höhen, über Flur
und Forst.

Füge ich noch hinzu, daß ich an den Festen
und Sonntagen dem Kirchenbesuche mit Regel-
mäßigkeit und Andacht beiwohnte, so habe ich
im Grunde genommen Alles erschöpft, was meine
Thätigkeit als Waldbruder nach Außen hin bezeichnet. Binnen Kurzem jedoch erschloß sich mir
noch ein anderes, zwar bescheidenes, aber wie ich
zu Gott hoffe, nichts desto weniger für mich und
Andere segensreiches und fruchtbringendes Feld
nützlicher Thätigkeit. —

Ich habe stets die Menschen und vor allen
die Kinder geliebt, die wiederum einem natürlichen Instincte folgend, sich leicht und warm an
mich anschlossen. Mein kleines, freundliches Tonele versäumte selten einen Tag, ohne allein,
oder in Begleitung ihrer Gaisen zu mir herauf-
steigen. Bald folgten ihr auch ihre Spielkame-
raden, Buben wie Mädel nach. Meine abgeschie-

dene Lebensweise machte mich um so empfäng=
licher für die Wahrheit, Frische und Treuherzig=
keit, welche die unverdorbenen Kindergemüther
vor mir entfalteten; und ich bemühte mich, ihnen
das Vergnügen und die Unterhaltung, welche sie
mir gewährten, liebevoll und freundlich zu ver=
gelten. Zuerst unterhielten wir uns mit einander.
Später versuchte ich mit Glück, ihnen lehrreiche
Geschichten oder Legenden zu erzählen, wie sie
für ihre Geisteskräfte faßlich erschienen und zu=
gleich geeignet waren ihren Verstand zum Nach=
denken zu erwecken und ihr Gemüth zu bilden.
Noch später war ich darauf bedacht, ihnen in
dem höchst mangelhaften Schulunterrichte eine
freundliche Nachhülfe im Lesen, Schreiben, Rechnen
u. s. w. zu gewähren.

Eine glückliche Idee war es, daß ich die Säu=
migen und Lässigen anzuspornen, und in entge=
gengesetzter Weise die Fleißigen zu noch regerem
Eifer und größeren Fortschritten zu ermuntern,
darauf verfiel, denjenigen, welche sich auszeichneten,
kleine Belohnungen zu ertheilen.

Da diese Geschenke, wenn ich die mir vorge=
zeichnete Rolle eines armen Klausners nicht auf=

geben wollte, nur in werthlosen Gegenständen be=
stehen durften; so verfiel ich darauf, dieselben selbst
anzufertigen, wodurch mir wieder die Annehmlich=
keit erwuchs, durch eine alte, längst bei Seite ge=
worfene Fähigkeit, eine neue Unterhaltung für
die Stunden der Einsamkeit zu gewinnen. Ich
verschaffte mir nämlich von Constanz aus, die
nöthigen Farben und Malergeräthschaften und
zeichnete und malte den Kindern kleine Heiligen=
bilder, Landschaften und dergl.

Meine Bemühungen wurden nicht allein von
der Jugend, sondern auch von dem größten Kreise
der älteren Einwohner der Stadt lobend und dan=
kend anerkannt. Ich sah mich allgemein mit Ach=
tung und Ehrerbietung behandelt und fühlte mich
wahrhaft glücklich in meiner selbst geschaffenen
Lehrthätigkeit.

Dennoch konnte ich nicht immer dem kindischen
Spotte, oder dem unüberlegten Schabernacke, na=
mentlich der halberwachsenen Buben entgehen,
welche sich darin gefielen, diese oder jene Eulen=
spiegelei an mir zu versuchen, oder mir einen oder
den andern Possen mit Aufwand von mehr oder
weniger bedachter, oder unbedachter Bosheit zu

spielen. Zumal in den ersten Jahren, ist es häufig
vorgekommen, daß sie meine Abwesenheit vom
Hause benützten, um meine Gartenanpflanzungen
zu zerstören und mein Obst zu stehlen, oder meine
Suppe in die Kohlen zu gießen, oder gar meine
Speisen durch Unrath oder hineingeworfene ekel-
hafte Thiere ungenießbar zu machen. Ich habe
diesen Unfug stets mit Ruhe ertragen, und obschon ich niemals klagte, so haben doch einige der
jungen Uebelthäter, welche zufällig ertappt wurden, seitens der Obrigkeit harte Strafen erleiden
müssen. Späterhin sind Ungehörigkeiten dieser
oder jener Art nur selten wieder gegen mich ver-
übt worden.

Es dürfte eigentlich kaum der Mühe werth
erscheinen, dieser kleinen Verdrießlichkeiten irgend
einer Erwähnung zu würdigen; aber es sind die
einzigen gewesen, welche während langer Jahre
meine Ruhe auf Augenblicke gestört haben. Den
beseligenden Frieden und das stille Glück, das ich
während all' dieser Zeit genoß, hat kein Unfall
von größerer Bedeutung angetastet.

Tonele erwuchs unterdessen aus einem liebenswürdigen, lern- und wißbegierigen Kinde, zu einer

stattlichen Jungfrau heran, ohne daß die Anhänglichkeit und das Vertrauen, welches sie mir
schon als Kind erwiesen, den mindesten Abbruch
im Laufe der vorschreitenden Jahre erlitten hätte.
Aber auch ich liebte sie mit der zärtlichsten Liebe
eines Vaters.

Die Jahre, die ich hier verlebte, kann ich nur
vergleichen mit den schönen, sonnighellen Tagen,
welche der Spätherbst im Wechsel der Zeiten über
die zum Winterschlafe sich vorbereitende Erde
scheidend heraufführt. Der Frühling mit Blüthen und Lenzespracht ist vorübergeflohen; die
Gluth des arbeitsreichen Sommers hat sich abge-
kühlt; die Sichel hat die Felder veröbet und der
fruchtgebeugte Baum sich seiner Last entledigt.
Schon hatten trübe Wolken den Himmel umzo-
gen, Stürme die Luft durchbraust. In den tausend Farben des sterbenden Laubes schimmert der
Wald und in den abgefallenen Blättern raschelt
traurig des Wanderers zögernder Schritt. Alte
Mutter Erde, es wird Zeit, Dich zur Ruhe zu
legen! — Aber Deine Nacht ist noch nicht angebrochen, nur die Dämmerung hat ihre Boten erst
vorausgesandt. Noch einmal fliehen die Wolken

und die Stürme hören auf zu brausen. Siegreich
über dem feuchtkalten Nebel des Morgens schwingt
sich die Sonne empor mit mildem, erquickendem
Strahle. Vorüber ziehen die weißen Sommer=
fäden, gleich den Träumen, Wünschen, Hoffnun=
gen der jugendlichen Brust und des thatendursti=
gen Mannesalters, schimmernd und trügerisch ent=
eilend. Treibend im Glanze warmen, schmeicheln=
den Sonnenscheines schweben sie dahin und
schwinden spurlos, wenn der Regen und der Sturm
die Flur durchsaust. Ach, die süßesten, schim=
merndsten Träume der Menschenbrust tödtet der
Ernst des Lebens.

Noch einmal durchströmt den müden Greis
des Lichtes strahlende Wärme, und doch fühlt er
trauernd, daß diese Sonne nicht den Frühling
heraufführt, sondern den Winter, den Tod. Mü=
der Greis, bereite Dich vor zu Deinem letzten,
ungestörten Schlummer! —

Dann werden die Tage kürzer, die Nächte
länger, der Kampf der Sonne mit den Nebeln
wird hartnäckiger, und ob die Luft auch milde
und unbewegt bleibt, die welken Blätter fallen
doch, eines nach dem andern, bis plötzlich der

Baum entblättert steht und das weiche Leichen-
tuch des Schnees die träumende Erde umhüllt,
und mit ihr ein frischgeschaufeltes Grab.

Neun Jahre dieses seligen Lebens waren mir
entschwunden und im Laufe eines jeden, trat mir
deutlicher vor die Seele, daß mein Herbst übergehe in den Winter. Mein Haar war erbleicht,
meine Körperkräfte hatten sichtlich abgenommen.
Kränklichkeiten überfielen mich, die mit jedem
neuen Jahre schwerer auf mich drückten. Die rauhe
Luft der Höhe griff meine Brust an; ich hatte
endlich Mühe den Hügel, auf dem meine Klause
lag, hinauf und hinab zu steigen. Einige Zeit
verging, und ich sah mich endlich genöthigt dieselbe ganz zu verlassen und ein dicht neben der
Kirche, an der Stadtmauer für mich erbautes
Häuschen zu beziehen. Auch in diesem verlebte
ich noch drei Jahre, ehe der letzte, schmerzliche
Schlag mein narbenvolles Herz und mein gebeug-
tes Haupt treffen sollte. Dank dem Herrn, daß
ich den letzten schweren Kummer meines Lebens
nicht lange mehr zu tragen haben werde!

Je hinfälliger und je schwächer ich wurde, um
so mehr bethätigte sich Toneles Liebe und Auf-

opferung für mich und gleich einer liebenden Toch=
ter hat sie mich zärtlich gepflegt bis zuletzt; ob=
schon ein junger, redlicher Bursch ihr Herz ge=
wonnen hatte und der Tag ihrer Verheirathung
mit demselben nahe bevorstand.

Ich hatte diesem Tage mit Freude entgegenge=
sehen. Man wird sich noch erinnern, daß ich, als
ich den Entschluß faßte, mich hier anzusiedeln, eine
Anweisung auf ein angesehenes Banquierhaus in
Rom bei mir trug. Dieselbe war von ziemlich
hohen Betrage, da sie darauf berechnet war, mir
die ausreichenden Mittel für meine Lebenszeit zu
gewähren, ohne daß ich genöthigt würde, um des
Geldes willen mit irgend einem Menschen noch
in Beziehungen zu treten, oder gar zum Verkaufe
meiner Steine zu schreiten, welche ich immer noch
als das Erbe Pauls betrachtete. Diese Anweisung
war durch die Fürsorge des Abtes flüssig gemacht
worden und ich hatte, da meine jetzige Lebens=
stellung weiteren Aufwand nicht erheischte, auch
diese Summe mit Ausnahme eines geringen Be=
trages dem Kloster zugewendet.

Von Paul Grothe war auch bis jetzt noch
keine Nachricht eingegangen; er mußte demnach

tobt sein und ich konnte zu Gunsten Toneles jetzt
anderweitig verfügen. Die Steine sollte sie erst
nach meinem Tode erhalten, dagegen hatte ich ihr
die bisher fast unberührt gebliebene Geldsumme,
als eine nicht unwillkommene Beisteuer für die
Einrichtung ihres neuen Hausstandes übergeben.
Je älter ich geworden und je einsamer und ver=
lassener ich auf Erden stand, je inniger hing mein
Herz an dem Mädchen und je stärker regte sich
in mir der Wunsch auch nach meinem Tode noch
fortzuleben in ihrer Erinnerung. Sie hatte immer
ein Bild von mir verlangt, das ihr meine Züge
aufbewahren sollte. Ich malte ein solches und
schrieb für sie die, ihr noch unbekannte Geschichte
meiner Vergangenheit. Beides sollte ihr nach
meinem Ableben zufallen und zugleich sollte sie
dabei den Ort erfahren, an dem der ihr bestimmte
Schatz verborgen war. Sie kannte das Bild,
wußte aber von allem Uebrigen nichts.

War es Eitelkeit und menschliche Schwachheit,
oder war es wirklich das unvertilgbare Verlangen
der Menschenbrust auch nach dem Scheiden noch
fortzuleben bei den Lieben, was mich bewog mein
Bild zu malen, das mag unentschieden bleiben.

Der Wunsch einer Fortdauer nach dem Tode liegt
so tief in uns eingesenkt, daß sein Keim offenbar
von höherer Hand hineingelegt sein muß. Wer
vermag da zu sagen, wo die menschliche Eitelkeit
aufhört und die göttliche Kraft zu wirken beginnt,
oder umgekehrt. Daß ich lebhaft das Bedürfniß
nach Liebe und Zärtlichkeit schon frühe empfand,
daraus habe ich keinen Hehl gemacht und charak=
teristisch für mein Empfinden schon in früher
Jugend dürfte folgender Vorgang aus meinen
Knabenjahren sein.

Ich saß und zeichnete zur Seite meiner Mutter,
während diese mit dem Vater und dem Pfarrer
sich über die Unsterblichkeit der Seele unterhielt,
Kurt und Anna aber spielend in einer Ecke des
Zimmers saßen. Als der Pfarrer die Beweise für
die Unsterblichkeit zusammenstellte, rief ich plötzlich:
Und die Portraitmalerei!

Mein Vater, der sich herzlich wenig mit theo=
logischen Spitzfindigkeiten, wie er das benannte,
befaßte, schlug ein lautes Gelächter auf, in wel=
chem Kurt ihm treulich beistand; und selbst der
Pfarrer und meine Mutter lächelten. Ich aber
war so beschämt über die Albernheit, welche ich

zu Markte gebracht, daß ich mich aus dem Zim=
mer schlich und viele bittere Thränen vergoß und
mich nicht eher wieder zu beruhigen vermochte,
als bis Kurt hohnneckend mir nachgeschlichen kam.
Da vergaß ich endlich meiner Thränen über dem
emporsteigenden Zorne und eine tüchtige Prügelei
zwischen uns, folgte als der traurige Beschluß
auf meine verunglückte theologische Hypothese.

Ich könnte darüber lachen, fiele mir nicht zu=
gleich bei, daß über Dinge von minderer Wichtig=
keit, oder wenigstens nicht größerer, die Welt mit
Hader und Blutvergießen oft genug erfüllt wor=
den ist. Hätte man mich nach dem Grunde ge=
fragt, warum ich die Portraitmalerei genannt, ich
würde schwerlich eine verständliche Antwort darauf
haben geben können. Das Wort platzte mir, wie
man zu sagen pflegt, so heraus.

Ich hatte das kindische Wort lange vergessen,
bis es sich jetzt in meinem hohen Greisenalter,
wo das Auge der Seele mehr als je in die Ver=
gangenheit zurückzuschauen liebt und die Eindrücke
der ersten Jugendjahre, sich oft mit größerer Klar=
heit und Entschiedenheit in das Gedächtniß zurück=
rufen lassen, als die einer weit späteren Zeit, plötz=

lich mir wieder aufdrängte. Heute aber finde ich
es nicht so kindisch mehr, um den beschämenden
Spott zu verdienen, dem es damals mich aus-
setzte.

Stellt man als einen der triftigsten Beweise
für die Fortdauer nach dem Tode, und als einen
Hauptfactor, jene unablässig wirkende Kraft auf,
die uns stets wehrt dem Glauben nachzugeben,
daß wir mit dem Aufhören des letzten Athem-
zuges lediglich der Verwesung anheimfallen; und
daß die geistige Kraft der Seele, welche die trägere
Masse unseres Körpers durchdringt und belebt,
und die in unserm Wollen und Denken rastlos
sich bethätigt; nichts weiter sei, als überschüssiges
Nervenfluidum, oder die Wirkung eines Breiklum-
pens, den wir Gehirn nennen nnd der mit dem
übrigen Fleische faulend in das Nichts zurückkehrt;
— so kann man leicht um einen Schritt vorwärts
gehend, auch die Behauptung aufstellen, daß eben
die verschiedenen Aeußerungen, in denen sich der
Drang nach dem Fortbestande ausspricht, nicht
bloß eben so viele Gründe abgeben um diesen Beweis zu stützen und zu tragen, sondern eben so
viele Beweise an und für sich selbst sind. Es hat

der Läugner einer Existenz nach dem Tode Viele
gegeben, keinen aber, so weit mir bekannt geworden, der nicht den Drang in sich verspürte, sei es
durch Erfindungen, sei es durch gute Handlungen
oder durch Schandthaten seinen eigenen Namen
wenigstens, auf die Nachwelt zu bringen. Be-
wußt oder unbewußt bestätigten sie Alle somit
durch ihr Handeln siegreich, was sie vergeblich mit
dem Munde leugneten und bekämpften, — den
Drang nach Fortdauer. Eine solche Beweisstütze
ist aber vor allen die Portraitmalerei, denn sie ist
von allen dahin einschlagenden Bestrebungen sicherlich die einfachste und rein menschlichste; deshalb
aber entzieht sich auch gerade die Frage: Warum
willst Du Dein Antlitz denen die nach Dir kommen hinterlassen? am Allermeisten der sicheren
Forschung; denn hier mischen sich die zartesten Gefühle der Liebe, Freundschaft, Dankbarkeit und Anhänglichkeit so innig mit der menschlichen Schwäche
und Eitelkeit, daß die stärkste Lupe des Forschers,
die feinen, in einander greifenden Fäden, weder
zu sondern, noch zu entwirren vermag.

Hätte ich aber auch zu entdecken vermocht, daß
nur die Schwäche mich geleitet, ich würde dennoch

dieſer Schwäche mich nicht ſchämen; ſchon um des Gedankens willen: Es wird bisweilen ein geliebtes Auge auf Deinen Zügen noch ruhen, und ein dankbares Herz Dein Gedächtniß ſegnen und in Ehren halten. Du haſt nicht umſonſt gelebt! — Ach, auch dieſen freundlichen Traum ſollte ich nicht zu Ende träumen dürfen!

Eines Abends, als Tonele zu mir kam, fühlte ſie ſich unwohl. Ihr Kopf ſchmerzte, eine unerklärliche Bangigkeit preßte ihre Bruſt, und in ihren Gliedern fühlte ſie eine ungewöhnliche Mattigkeit und Schwere. So ſchied ſie von mir.

Sieben Tage ſpäter ſchwankte ich vernichtet, gebrochen, hinter der Bahre einher, auf der mein bleiches, ſchönes Kind zu ihrer letzten Ruheſtätte hinausgetragen wurde. —

O mein Gott, mein Gott! Meine zitternden Kniee beugen ſich vor Dir im Staube und mein Haupt und mein Herz neigen ſich vor Deinem Willen in Demuth und Ergebenheit. Mein Auge weint, meine Zunge klagt, meine Seele jammert, aber ich murre nicht. Der Herr hat gegeben, der Herr hat genommen, der Name des Herrn ſei gelobt in Ewigkeit!

Mit schwerer, zitternder, kaum zu entziffernder Handschrift hatte der Greis die letzten, noch folgenden Worte geschrieben.

· ———————

Ich habe drei Monate lang auf dem Siechbette gelegen und den Herrn um Erlösung angefleht. Mein Herz blutet um Tonele und ich fühle, daß ich nicht lange mehr auf Erden zu weilen habe. In drei Tagen wird man mich von hier abholen und nach dem Kloster bringen, damit mir bessere Pflege und Wartung werde. Ich bin den Brüdern dankbar für ihre Freundlichkeit, aber ich hätte gern auf demselben Friedhofe geschlummert, der des geliebten Kindes Gebeine umfängt. Auch der Friedele ist gestorben, Toneles Bruder und die beiden alten Leute stehen nun einsam, wie ich. Gott tröste sie! Die Mutter hat mich um das Bild gebeten und mir gedankt, für alle die Güte und Treue, die ich ihrem Kinde erwiesen. Sie soll das Bild haben, aber nichts von dem Geheimnisse erfahren, das es birgt. Die Leute sind alt und wohlhabend und meine Erbin ist todt. Was hülfe es ihnen? —

Ich will dem Zufalle, oder vielmehr der

weisen Schickung Gottes — denn es giebt keinen
Zufall, sondern nur eine allwaltende Vorsicht —
die Bestimmung überlassen, wer zu meinem Erben
erkoren werden solle. Ich segne ihn und wünsche
ihm und den Seinen Wohlergehen und Gedeihen.
Es wird mir schwer, sehr schwer die Feder zu
führen, aber ich muß mich zwingen, damit der
Finder wisse, wo er zu suchen, und was er zu
erwarten habe.

Hinter meiner Einsiedelei auf dem Berge, der
nach meinem Namen der Vitibuck genannt worden, führt ein schmaler Pfad nordwärts durch die
Waldung auf die höchste Kuppe. Ganz oben auf
der Höhe befindet sich eine Schlucht, nicht un-
ähnlich einem ausgestochenen Wallgraben. Wenn
Du diese bis zu ihrer Mitte durchwandelt hast,
so tritt hinaus gegen den nördlichen Abhang, wo
er sich in das Thal herniedersenkt und Du die
Straße, welche über Berghaus nach Bonndorf
führt überblicken kannst. Hier schaue Dich um
nach einer Weißbuche. Du wirst sie leicht entdecken, da sie sieben Stämme aus einer Wurzel
emporgeschlagen hat, welche alle in Manneshöhe
über der Erde verkrüppelt und in sonderbaren

Verschlingungen mit einander verwachsen sind,
außer dem mittelsten Stamme, der gerade empor
über den andern aufsteigt. Von demjenigen
Stamme dieser Buche, welcher am weitesten nach
Norden gerichtet ist, senkt sich eine starke Wurzel
tief den Abhang hinunter. Ich habe dieselbe
mehr als Schuhhoch mit fruchtbarer Erde, ihrer
ganzen Länge nach überdeckt. Suche diese Wurzel.
Genau zwei und einen halben Schuh von dem
Stamme entfernt, grabe den Boden unter dieser
Wurzel auf und Du wirst in geringer Tiefe auf
einen runden flachen Stein, etwa zweier Hände
groß treffen, welcher fest in Kalkmörtel einge=
drückt ist.

Er verschließt eine kleine, natürliche Oeffnung
in dem Felsen. Lüpfe ihn von seinem Lager auf
und nimm aus der Höhlung eine zinnerne, fest
verschraubte Büchse. Sie enthält die Steine und
ein Verzeichniß des Juweliers von dem ich sie er=
kaufte. In demselben sind sie ihrer Gestalt, ihrer
Schwere und ihrem Wasser nach genau beschrieben
und der Preis jedes Einzelnen ist verzeichnet.

Eine Urkunde, daß Du, der Entdecker dieser
Schrift, wer Du auch sein mögest, mein gesetz=

licher Erbe sein sollst, habe ich ausgefertigt und von dreien glaubhaften Zeugen unterzeichnen lassen.

Meine Geschäfte auf Erden sind hiermit voll= bracht. Ich bitte den Herrn, mich bald von hinnen zu rufen, und mir ein leichtes Sterbestünd= lein zu gewähren; wie ich zugleich ihn bitte Dich in seine treue Vaterhut zu nehmen. Gott erbarme sich meiner und segne Dich! Bete für mich! Amen.

———————

Siebentes Kapitel.
Durch Nacht, zum Licht.

––––

Noch immer saß Herr Zachäus eifrig beschäftigt mit der Durchsicht der ihm so unverhofft zugefallenen Papiere, als bereits das Abendglöcklein läutete und die Hausfrau eintrat, um ihn zum Abendessen abzurufen. Er hatte darüber nicht blos das Angeln, er hatte sogar vergessen, dem gewohnten Schoppen nachzugehen. Bei dem gemeinsamen Nachtmahle war er wortkarg und zerstreut und zog sich sofort nach demselben auch wieder auf sein Zimmer zurück, in welchem er zur Verwunderung seiner Frau, fast den größten Theil der Nacht noch, bei dem Scheine seiner Lampe durchwachte.

Was der geneigte Leser schnellen Blickes durchfliegen konnte, hatte Herr Zachäus erst mühsam

ordnen und zusammenstellen müssen; denn die ver=
schiedenen Heftchen und einzelnen Blätter waren
weder nummerirt, noch paginirt, noch der Reihen=
folge nach zusammengelegt, sondern vielmehr bunt
und kraus durcheinander geworfen. Vielleicht wa=
ren sie den zitternden Händen des Greises entfal=
len und gerade so, wie er sie wieder aufzuraffen
in Stande gewesen, an Ort und Stelle gebracht
worden.

Ungeachtet des langen Aufsitzens war aber
der Herr Oberschauer dennoch nicht bis an das
Ende gelangt und hatte, aller Ermüdung zum
Trotze, noch obenein eine unruhige und schlaflose
Nacht gehabt, weil sich ihm so mancherlei Gedan=
ken und Combinationen aufdrängten, die ihm im=
mer von Neuem wieder zu sinnen und zu denken
gaben.

Erst im Laufe des folgenden Tages konnte er
die Lesung der Papiere beendigen. Dies gethan,
griff er noch einmal nach dem ihm zuerst vor die
Augen gekommenen Blatte, studirte das Testa=
ment wiederum mit allem Bedachte und verschloß
endlich vorsichtig Alles mit einander in einem
Fache seines Schreibepultes.

Mit über dem Rücken zusammengeschlagenen
Händen, durchmaß er, sinnend auf und abwan=
delnd, den Raum seines Zimmers. Endlich blieb
er stehen und sprach:

Das ist in der That eine wunderliche Ge=
schichte und gemahnt mich lebhaft an meine Kin=
derzeit und an meine gute, liebe Mutter! — Honig=
kuchen, Zuckerkandis, Bonbons, was überhaupt
nur süß schmecken mag, Süßholzwurzeln nicht
ausgenommen, hatten damals für mich eine ganz
gewaltige Anziehungskraft, und wenn die Mutter
mit mir zufrieden gewesen war, sprach sie wohl zu
mir: „Zachelchen, bist ein lieber, artiger Junge
gewesen. Komm her, mach' den Mund auf und die
Augen zu!" Dann kam ich und kniff die Augen
zu, so fest als möglich, und sperrte den Mund
auf, fast mehr als möglich und war überselig vor
Vergnügen, wenn mir auch nur ein ganz kleines
Stück Zucker hineingesteckt wurde. Manchmal
zwar gab es wohl auch statt des Zuckers einen
freundlichen, neckischen Schlag auf den Mund,
wenn ich ihn gar zu weit aufgerissen hatte, aber
das störte mich nicht, denn ich wußte doch be=
stimmt, daß die Süßigkeiten nachfolgen mußten.

Gute, liebe Mutter! Du meintest es so herz=
lich gut mit mir und hast gewiß keine Ahnung
davon gehabt, wie viel Leid mir im Leben aus
der Angewohnheit erwachsen ist, die Augen zuzu=
machen und den Mund aufzusperren, wenn ich
glaubte, etwas Gutes verdient zu haben und er=
warten zu dürfen!

Flugs vertrauensvoll mit dem **unzeitigen
Mundaufsperren** bei der Hand, vergaß ich immer
der Mund **rechtzeitig aufzumachen,** und meine
kleinen Verdienste so in das Licht zu bringen, daß
sie auch andrerseits gehörig gewürdigt werden
könnten; und während ich die Augen zuhielt, hatte
irgend ein Anderer die seinen offen und schnappte
mir den ersehnten Bissen vor dem Munde weg.
Glücklich genug, wenn ich nicht obenein noch einen
derben Schlag auf den Mund bekam, aus dem
weder Freundlichkeit noch Neckerei, sondern allein
grober, massiver Ernst sich heraus demonstriren
ließ! —

In der That, die Süßigkeiten sind mir rar,
recht rar geworden, seitdem die Mutter nicht mehr
sagen kann: „Komm, Zachelchen, bist brav ge=
wesen, mach' den Mund auf und die Augen zu!"

Nachher freilich habe ich mich oft dazu zwingen wollen, die Sache umgekehrt anzugreifen und die Augen aufzusperren und den Mund — zu halten; aber das Ding hat mir erst recht nicht glücken wollen; ich war eben von Kindheit an auf's Gegentheil dressirt.

Da kommt nun jetzt der Bruder Veit mit seinem Testamente und sagt: „Mach' den Mund auf, Zachelchen, es kommt Dir was!" und ich weiß in der That nicht, ob ich die Augen dabei offen halten oder schließen soll. — Während mich das Glück mein Leben lang behandelt hat, als ob ich gar nicht auf der Welt existirte, und als ob mein ehrlicher Name in keinem Kirchenbuche eingetragen wäre, da wäre es doch gar zu wundersam, wenn mir noch in meinen alten Tagen eine gebratene Taube in den Mund geflogen käme, die vor hundert Jahren und darüber schon gerupft und zurecht gemacht worden ist, für meinen Urgroßvater. — Der alte Herr scheint es indessen wirklich ernst zu meinen und das Glück hat Launen; es wäre also nicht ganz unmöglich, daß es sich auch mir einmal von der gutgelaunten Seite zeigte. Also, Zachäus, versuch's noch einmal! —

Mach' den Mund auf und die Augen — auch!
— Wenn Du aber trotzdem wieder angeführt sein
solltest, so drück' die Augen zu und den Mund
auch, fest, ganz fest, damit man Dich nicht noch
obenein verhöhne! — —

Herr Zachäus öffnete die Thür seines Zim=
mers und rief in das Haus: „Elsbeth, mein liebes
Kind, bringe mir doch einmal die alte Bibel!"

Nachdem Elsbeth das Buch gebracht und sich
wieder entfernt hatte, nahm Herr Zachäus das=
selbe zur Hand, betrachtete mit einer gewissen
Selbstgenügsamkeit den alterthümlichen Schnitt
und Einband, sowie die schweren, getriebenen sil=
bernen Eckstücke und die Beschläge, welche dasselbe
schützten und verschlossen, und sprach:

„Es ist doch ein wohlthuendes Gefühl, sorg=
same und ehrenfeste Voreltern gehabt zu haben.
Eine bürgerliche Familie kann selten über ihren
Großvater hinaussehen und verfließt gewöhnlich
jenseits der dritten Generation wieder in dem gro=
ßen Strome des Menschengewühles. Dank meinem
Ur=, Ur=Großvater, reichen aber meine Familien
kenntnisse abwärts bis zum Großvater meines Ur=
großvaters; und sie waren Alle ehrenwerthe Leute!"

Er löste darauf die alterthümlichen silbernen Klammern, welche das Buch verschlossen hielten, aus ihren Haften und schlug die letzten Seiten auf, welche aus mehreren Blättern beschriebenen und mehreren, noch unbeschriebenen Papieres bestanden. Seine Augen weilten sodann auf einigen Zeilen, welche mit einer so geraden und steifen Handschrift eingetragen waren, als hätte der Schreiber Buchstaben und Zeilen eben so probemäßig in Reih und Glied aufmarschiren lassen wollen, wie eine Rotte der bestausexercirten Grenadiere. Diese Zeilen aber lauteten:

Heute, als am 7. Novembris im Jahre des Herrn 17—, wurde ich, Peter Klaus Grothe, zur Zeit weisen Senates und wohllöblicher Bürgerschaft dieser berühmten Stadt Hamburg wohlbestallter Wärter an ihrem Hospitale zu St. Johann, von meiner Ehefrau Elisabetha Catharina, geborene Gerberin, durch die Geburt eines Knaben erfreut, welcher am dreißigsten Tage desselbigen Monates zu St. Nicolai in der heiligen Taufe die Namen Peter Paul erhalten hat.

„Hm! hm! sprach Herr Zachäus, nachdem er gelesen, dieser Klaus Grothe ist offenbar der nämliche, deſſen der Herr von Grafenberg gedenkt und ſein Sohn Paul derjenige, welchen er ſo vergeblich zum Erben geſucht hat. Sehen wir einmal, was Peter Paul von ſich ſagt. — Aha, hier kommt's! —"

Ich ſollte Soldat werden, wie mein Vater geweſen, aber das Waſſer zog mich mehr an und ich ging mit ſeiner und der Mutter Einwilligung zur See. Nachdem Beide todt waren, verdingte ich mich auf einem Indienfahrer, die „Gezina" von Rotterdam. Van Blaeer, der Kapitän, ein ewig betrunkener Holländer, behandelte uns wie das Vieh. Schon zum dritten Male hatte er ſich thätlich an mir vergriffen, als wir kaum Curhaven klar gemacht hatten. Es war bereits dunkel, als das geſchah. Ich ergriff in der Wuth eine Handſpake, ſchlug ihn zu Boden, ſprang in die Jolle, die noch hinter dem Sterne trieb, ſchnitt das Halbtau ab und entwiſchte. Ich kam mit der Fluth unweit Brunsbüttel zu Land und ſuchte ſo eilig als möglich Lübeck zu erreichen. Von hier aus ging ich mit der engliſchen Brigg „Chanticlear" nach Roſtock. Die „Gezina" ging bei den Nicobaren mit Mann und Maus zu Grunde, ich aber rettete hier zufällig die Tochter

eines wohlhabenden Kaufmannes, als ihr Boot
im Hafen umschlug. Auf Zureden des dankbaren
Vaters trat ich in sein Geschäft ein und seine
Tochter Rosina Maria wurde mein ehelich Weib.

„So, so!“ sprach Herr Zachäus, nachdem er
bis hierher gelesen hatte, „das war Alles, was ich
wissen wollte. Meine Erinnernngen haben mich
nicht getäuscht. Dieser Paul Grothe, der Soldat
werden sollte, wie sein Vater gewesen, war mein
Urgroßvater und der bestimmte Erbe des Herrn
von Grafenberg, daran kann kein Zweifel mehr
obwalten. Uebrigens deutet die Art und Weise
seiner Entfernung von dem Schiffe darauf hin,
daß der alte Herr etwas heißblütig als Jüngling
gewesen sein muß und zwar zu seinem und mei=
nem Glücke. Ohne diesen unüberlegten und
etwas außergewöhnlichen Gebrauch den er von
einer Handspeiche machte, wäre er sicher bei den
Nicobaren ertrunken, wie alle Uebrigen und hätte
mich um die Ehre gebracht, ihn als meinen Vor=
fahren anerkennen zu dürfen; zu gleicher Zeit
aber auch um das Vergnügen, als doppelt legi=
timirter Erbe, von der Hinterlassenschaft des
Bruders Vitus Besitz zu ergreifen. —“

„Ho, ho, Freund Zachäus!" unterbrach er sich in seinem Selbstgespräche, „ertappe ich Dich schon wieder einmal auf alter, böser Angewohnheit? — Sperrst Du nicht schon wieder den Mund auf, mit geschlossenen Augen? Mach' lieber einmal erst die Augen auf und dann rede von dem Vergnügen, Besitz von der Erbschaft des Bruders Veit zu ergreifen — sofern sie nämlich noch vorhanden ist. Sperre die Augen auf, Zachäus! Was siehst Du? —"

„Ich sehe," sprach er sich selbst antwortend, „ich sehe einen ältlichen Herrn, den das Leben weidlich abgeknufft und gepufft hat bisher, und das bin ich! und ich sehe auch, daß seit einiger Zeit ein ganz wundersames Verhängniß mich umstrickt und forttreibt, schier ohne mich nach meinem Willen zu fragen, ja sogar ganz gegen meinen Willen. Ich sehe mich sitzen an dem Altwasser des Rheins und Träumen nachhängen und fühle mein Herz sehnsüchtig schlagen nach Bergesluft und Waldesduft. — Ich sehe mich schlummernd liegen, im Buchenschatten bei der St. Wendelskapelle und habe einen Traum, wegen dessen ich verspottet werde von den Meinen und über den ich selbst

lachen muß. Ich sehe mich sitzen und einen Brief
lesen, den Freund Schloßherr geschrieben und
mir fehlen die Mittel, um seinem Wunsche zu
genügen, der auch der meine. Ich sehe wenige
Stunden darauf mich wiederum vertieft in einen
Brief von Freund Philippus, der alle Hindernisse
aus dem Wege räumt. — Ich sehe mich mit Erstaunen auf einem Berge, der der Vitibuck heißt
und sitze auf der höchsten Spitze desselben in einer
Weißbuche, welche sieben Stämme aus **einer**
Wurzel getrieben hat, und schaue hinunter in ein
Thal, durch welches der Weg über Berghaus
nach Bonndorf sich schlängelt, aber ich sehe auch
bis dicht zu meinen Füßen heran, den Rücken
des Berges abgesprengt und in einen Steinbruch
verwandelt. Das Alles sehe ich. Ob aber die
Büchse des Bruders Vitus noch in ihrer Felsenspalte ruht, oder längst schon mit den Steinge-
röllen hinabgefahren ist in die Tiefe, das sehe ich
nicht; und das zu sehen und zu wissen, wäre
doch gerade die Hauptsache! —

Ich sehe aber auch noch etwas Anderes auf-
dämmern vor meiner Seele und der blaue Nebel,
als der es mir zuerst erschien, fängt an eine feste

Gestalt zu gewinnen, die meinem Freunde Graffen
so gleich sieht, wie ein Ei dem andern. Ich sehe
die Bilder eines Jünglings und eines Greises und
die Aehnlichkeit zwischen beiden ist unbestreitbar.
Wie kam Graffen in den Besitz des ersteren, und
warum behauptet er, es sei ein Familienbild? —
Da liegt das Räthselhafte, was ich noch nicht
durchschauen kann! — Aber ruhig Blut, Zachäus,
da treibst Du schon wieder mit vollen Segeln
aus dem Hundertsten in das Tausendste! —
Sachte, mein Freund, sachte! — Sperr' die Augen auf, für die Hauptsache und das Nebensäch-
liche wird sich ohne Zweifel von selbst finden! —"

Er klappte nach diesen Worten die Bibel zu,
schloß sie mit ihren Klammern fest zusammen,
griff nach Hut und Stock und lief hinaus in die
freundlich lockende Frühlingssonne. Als er von
seinem Spaziergange wieder heimkehrte, war er
über sein ferneres Verhalten völlig mit sich im
Reinen.

Wenige Tage später empfing er die Genehmigung eines mehrtägigen Urlaubes, um den er
angehalten, und theilte der überraschten Familie
die Nachricht mit, daß er mit dem ersten Morgen-

zuge des folgenden Tages eine kleine Erholungs=
reise antreten würde, von welcher er jedoch bestimmt in vier oder fünf Tagen zurück zu sein
gedächte.

„Aber mein bester Zachäus," rief die Frau
Oberschauer, während die Kinder in schweigendem
Erstaunen nach ihm hinschauten, „wie kommst Du
denn nur auf den Gedanken jetzt schon eine Reise
thun zu wollen? Bist Du denn etwa plötzlich
Deinen unsterblichen Schnupfen los geworden,
oder willst Du Dir nur muthwillig die Gesund=
heit ganz und gar verderben?"

„Nicht doch, liebe Alte," sprach Herr Zachäus,
der sich bereits auf eine kleine Nothlüge gefaßt
gemacht hatte, „keines von Beiden trifft zu. Diese
Reise hat weder mit Bergesteigen noch Waldstrei=
ferei, noch viel weniger mit dem Vergnügen etwas
zu schaffen, sondern sie ist lediglich dem Zwecke
meiner geistigen Fortbildung und der wissenschaft=
lichen Förderung meines Berufes gewidmet. Es
wird Dir einleuchten, daß ein Mann wie ich,
der dem Fortschritte huldigt, einer derartigen Auf=
forderung, wenn sie einmal an ihn ergangen ist,
sich nicht zu entziehen vermag."

„Ich bin ganz verwundert über Deine Rede,"
sprach die Frau, „weil ich kein Wort davon verstehe."

„Das hab' ich mir wohl gedacht," sprach Herr
Zachäus beifällig lächelnd, „und ich werde mir es
daher angelegen sein lassen, Dir das Verständniß
zu öffnen und zugleich auch, Dir die unabweisbare
Nothwendigkeit dieser Reise begreiflich zu machen.

Sieh liebe Frau, das ganze Wesen unserer
jetzigen Zeit ist ein fortschrittliches, und der ver-
ständige Mann, der seine Zeit begreift, kann sich
dem unwiderstehlich drängenden Zuge dieser Zeit
auch nicht entziehen. Dieser innere Drang unseres Jahrhunderts ruft vor Allem nach Einigung
des Getrennten, und nach inniger Verbindung
und Verschmelzung des Geschiedenen. Um nun
aber diese Einigung und diese innige Verbindung
herzustellen, und auf dem dornigen Wege des
Fortschrittes die Verschmelzung zu erzielen, gleicherweise Veraltetes und Verbrauchtes abzustoßen,
ja oft Schädliches und Mißbräuchliches zum Vor-
theile des Ganzen zu beseitigen, ist es dringend
nöthig, daß nicht allein die verschiedenartigsten
Meinungen mit einander ausgetauscht, sondern

auch), damit dies erfolgreich geschehe, vor allem
die todte Buchstabenschrift beseitigt werde, welche
sich bisher in der unfruchtbaren Form von Be=
richten, Broschüren, Aufsätzen und dickleibigen
Abhandlungen breit machen durfte; dagegen aber
im lebendigen Austausche der Meinungen von
Mund zu Mund, von Geist zu Geist, der rich=
tige Standpunkt gewonnen werde, für das ge=
meinsame Ringen nach dem gleichen Ziele und die
Gewährschaft seines glücklichen Erfolges." —

„Vater!" rief Ferdinand jetzt hellauflachend, „ich
glaube, Du hast den ganzen Winter ·hindurch
nur Cicero studirt. Deine Satzbildung und Dein
Periodenbau sind ächt — classisch!" —

„Meinst Du wirklich mein Sohn?" sprach Herr
Zachäus bescheiden. „Du schmeichelst mir, indem
Du diese Probe für etwas mehr nehmen willst,
als eine eingeschrumpfte Frucht aus dem Schnapp=
sacke jugendlicher Erinnerungen. So wohlthuend
indessen auch Deine schätzbare Bemerkung auf
meine Gefühle wirkt, und so viel Ehre sie Dir
selbst macht in Betreff Deiner eigenen classischen
Bildung, so muß ich Dich doch bitten, mich nicht
wieder zu unterbrechen, denn ich habe noch mehr

zu sagen." Gegen seine Frau sich wendend, fuhr
er fort:

„Ob Du mich in Betreff dieses hohen Zieles
nun bereits auch schon ganz genau verstanden,
liebes Weib, möchte ich den unsicheren Blicken
nach, mit denen Du mich noch immer zu beschauen
beliebst, einigermaßen anzweifeln; da mir jedoch
daran gelegen, jede Unklarheit von Dir fern zu
halten, so will ich es Dir sogleich mit einem
einzigen Worte ganz genau bezeichnen. Die große
Errungenschaft unserer Zeit wurzelt in dem glücklich gelösten Problem, die Einheit und Einigkeit
des Getrennten, die innige Verschmelzung und
Verbindung des Geschiedenen zu bewirken, durch —
Zweckessen. Seit dem unglücklichen Zweckessen,
das die Königin Marie Antoinette den Garden
gab, kannst Du alle politischen und unpolitischen
Erfolge in Europa nach Zweckessen abzählen, wie
die Gebete nach den Kugeln des Rosenkranzes.
Doch, was spreche ich von der Politik, die mich
gar nichts angeht und Dich auch nicht! — Ich
habe es nur mit der Wissenschaft zu thun und
die Wissenschaft unserer Tage schreitet mit Riesen-
schritten vorwärts, im Zweckessen. Naturforscher,

Aerzte, Polizeibeamte, (ob auch diese von der
Polizei überwacht werden, weiß ich nicht) Eisen-
bahnbeamte, Ingenieure, Handelsstände, Notare,
Juristen, Apotheker, Zahnbrecher, Hühneraugen-
operateure und Hühnerzüchter, ja Gevatter Schnei-
der und Handschuhmacher rufen aus allen deutschen Vaterländern, in allen deutschen Zeitungs-
und Intelligenzblättern, die Fach- und Standes-
genossen auf zur gemeinsamen feierlichen Berathung
bei Fortschritts-Zweckessen, nebst anderen angenehmen Lustbarkeiten, zur Erholung von der
schweren Versammlungsarbeit. Das wissenschaftliche Princip ist, Gott sei Dank, nicht mehr das
ausschließliche Eigenthum der gelehrten vier Fa-
cultäten, sondern es durchdringt alle Schichten
und alle Stände der heutigen Generation.

Bei eingehender Betrachtung der Holsteiner
Austern und des lockenden Chabli, bespricht man
mit höchster Wirksamkeit das bedauerliche Vorhandensein der Austernbärte sowie chinesischer und
einheimischer Zöpfe, bei Braten und Burgunder
die wirksamsten Mittel zur Ausrottung derselben.
Man tauscht gegenseitig die geistreichsten Ansichten
über Saucen und Gesetzesstellen, Hummersalat

und Krebsschäden der menschlichen Gesellschaft,
in specie des eigenen Standes aus. Man er-
läutert und erörtert bei den Knackmandeln, Mei-
nungsverschiedenheiten über Budgetfragen und
hohle Zähne, man beleuchtet Capern und neben-
bei Caprera; man kommt bei dem chateau La-
fitte ganz ungezwungen auf den Handelsvertrag
mit Frankreich; und eben so natürlich bei den
Haselnüssen zum Mecklenburger Haselstock und
durch die Proportionen desselben auf die Nothwendigkeit deutscher Einheit in Maaß, Gewicht
und Münze. Der angeschnittene Pudding bietet
Gelegenheit zu den geistreichsten Betrachtungen
über Kegelschnitt, Spurweite der Eisenbahngleise,
Tunnels und Ueberbrückungen und was sonst in
den Betrieb einschlägt, und schließlich setzt man
beim Dessert und dem Champagner den Vorort
für das laufende und den Zweckessensort für das
nächste Jahr fest, der stets in einer merkwürdig
schönen Gegend gelegen sein muß. Kurz man
verhandelt angenehm und gründlich zugleich, indem man die geistige Arbeit mit der körperlichen
verbindet und endlich bei einer Tasse Kaffee mit
Cognac, sich zu erholen sucht von den Anstrengun-

gen des Fortschrittes auf den weiten Gebieten der
Fachwissenschaften und der Kochkunst; und gern
bereit ist, auch fernerhin sich als williges Glied
dem Ganzen zum Opfer zu bringen und eben so
muthvoll und unerschrocken dem Märtyrerthum einer
braven Indigestion entgegen zu sehen, als würdevoll
und gefaßt gegen die liebenswürdigen Folgen eines
unbegreiflichen Katzenjammers anzukämpfen."

Ferdinand stieß seine Mutter mit dem Ellen=
bogen an und zischelte halblaut über den Tisch,
indem er die Pantomime des Trinkens machte:

„Es lebe die Wissenschaft, das Pflichtgefühl
und der ungebeugte Mannesmuth, Hip, hip, hip,
Hurrah hoch!"

Ein allgemeines Gelächter erhob sich; aber
der Vater sprach mit gewichtigen Pathos:

„Ruchloser Knabe, Du treibst mit dem Ent=
setzen Scherz! Cave canem, mein Sohn, cave
canem! — Du aber, liebe Frau, höre weiter:

Diese wissenschaftlichen und fortschrittlichen
Bestrebungen führen in der Kunstsprache nicht
den Namen Zweckessen, und man hütet sich wohl
von Polizeizweckessen und dgl. mehr zu sprechen.
Man bezeichnet sie etwa, Handelskammerbera=

thungen, Naturforscher- und Juristentage, Apo-
thekerversammlungen, Hühnerzüchtungsvereins-
sitzungen 2c. aber bei allen, ohne Ausnahme,
gipfelt die wissenschaftliche Forschung sich hinan
zum Essen und die vorzüglichsten, lehrreichsten
und überzeugendsten Reden sind die Toastreden.
Es würde ein Hohn gegen den Fortschritt, ein
Faustschlag in das Antlitz der Cultur sein, wenn
jetzt noch die Oberschauer und Obereinseher allein
sich zurückziehen wollten, von der großen gewichtigen Aufgabe, auch in ihrem Kreise das Reich
der Wissenschaft sach- und zeitgemäß zu fördern.
Nein Fortschritt, Wissenschaft, Drang des Jahrhunderts fordern mit Kraft und Energie die Ab-
haltung eines Oberschauerlichen Vereinigungstages.
Das obligate Zweckessen ist ausgeschrieben auf
übermorgen, im Gasthause neben dem Wasserfalle
zu Schaffhausen und als erwählter Festordner
habe ich die heilige Verpflichtung, als Erster und
Letzter auf dem Platze zu sein."

Nachdem Herr Zachäus mit höchst salbungs-
vollem Tone diese Rede zu Ende geredet hatte,
schaute er sich mit triumphirenden Blicken im
Kreise um und fragte:

„Habt Ihr mich jetzt Alle verstanden?"

Die Mädchen lächelten und die Frau Ober=
schauer sprach lachend:

„Das also war der langen Rede kurzer Sinn?
Gott sei Dank, daß Du doch endlich einmal mit
alle dem Unsinne fertig geworden bist. Wenn
mir das Wörtchen dumm nicht anstößig erschiene,
so würde ich sagen, ich hätte bei dem Anhören
derselben, eine gewaltige Aehnlichkeit mit dem
Schüler im Faust verspürt. Konntest Du denn
nicht gleich sagen, Du wolltest zu einem Diner? —
Ich hätte Dich von vorn herein so gut verstan=
den, wie hinterher und hätte vor einer Viertel=
stunde schon Dir eben so gut wie jetzt, viel Ver=
gnügen zu demselben wünschen können. Im Uebri=
gen aber thue mir nur den einzigen Gefallen und
werde nicht der Märtyrer einer braven Indigestion,
oder das bedauernswerthe Opfer der liebenswür=
digen Folgen eines unbegreiflichen Katzenjammers.
Hast Du mich verstanden, Alter?" —

Herr Zachäus verbeugte sich ernsthaft und
recitirte sehr pathetisch: „Ich trage nichts von
Deinem Glück im Herzen und doch versteh' ich
Dich!" —

Der übrige Theil des Abends verging unter gemüthlichen Plaudereien. Herr Zachäus schien heiterer, als er seit langer Zeit gewesen, begab sich aber trotzdem früher auf sein Zimmer und brummte, während er sich entkleidete: Das Lügen ist doch ein saures Stück Arbeit!

Am Nachmittage des anderen Tages trat er zur höchsten Ueberraschung seines Freundes Schloß= herr, bei demselben in das Zimmer.

„Ei willkommen Zachäus!" rief dieser ihm ent= gegen. „Sagt mir doch Mann, was Euch hierher bringt?"

„Ist mir erwünscht, wenn ich Euch willkommen bin," sprach der Ankömmling. „Meine Frau und die Kinder lassen grüßen. Wo steckt denn die Burgfrau?" —

„Bei einem großen Kaffee," berichtete Herr Schloßherr.

„Auch gut!" sagte Herr Zachäus, dann kann ich es mir vorläufig gleich etwas bequem machen in Eurem Sopha, und Eure Frage beantworten. Seht einmal, bester Freund, ganz genau kann ich es Euch aber doch bei dem besten Willen eigent= lich nicht sagen, weil ein kleines Geheimniß dabei

ist, von dem ich annehmen muß, daß es nicht ganz
und gar mein eigenes ist. Ihr sollt es aber spä=
ter oder früher noch einmal ganz haarklein er=
fahren. Laßt Euch unterdessen an dem genügen,
was ich Euch für jetzt mittheilen kann. Mich
führt in der That nichts Anderes hieher, als die
Lust den Vitibuck zu besuchen und an Ort und
Stelle ganz genaue Untersuchung anzustellen nach
dem, was sich vielleicht noch hier in der Gegend
an Reliquien von dem Bruder Veit erhalten ha=
ben mag. Der Mensch interessirt mich ganz
außerordentlich, seitdem ich vor einiger Zeit die
Entdeckung gemacht habe, daß das Bild, welches
ich hier kaufte, und im Scherze für das Seinige
ausgab, wirklich das Portrait desselben ist und
zwar obenein ein Ipse fecit. Ich will mehr von
dem Manne wissen. Das ist Alles, was ich Euch
vorläufig sagen kann."

"Nun, so behaltet in Gottes Namen Eure Ge=
heimnisse, sammt denen des Bruders Veit für
Euch!" sprach Herr Schloßherr. "Aber ein schnur=
riger Zachäus seid Ihr doch, und man muß Euch
eben nehmen, wie Ihr seid. Darf man vielleicht
fragen, ob Ihr nicht etwa Lust habt Bruder Veits

Lebensgeschichte zu schreiben, etwa unter dem Ti-
tel: Vitus, der Einsiedel des Vitibuck. Eine Ritter=, Räuber=, Geister= und Klostergeschichte aus
dem 18. Jahrhundert. Gedruckt in diesem Jahre
bei u. s. w."

„Möglich wär's schon!" sprach Herr Zachäus
trocken. „Ob man vielleicht in Rheinau Etwas
von ihm erfahren könnte?"

„Möglich wär's schon," sprach Herr Schloßherr
in gleicher Weise, „aber nicht sehr wahrscheinlich,
denn er ist dort blos gestorben."

Damit ging die Unterhaltung der beiden
Männer auf ein anderes Thema über; dann kamen die Kinder herein, später kehrte die Burgfrau
ebenfalls zurück und der Abend verstrich unter
lebhaftem Gespräche.

Am folgenden Morgen bestieg Herr Zachäus
den Vitibuck. Es war ihm ganz eigenthümlich
zu Muthe, fast als ob er auf Raub und Dieb=
stahl ausgehen wollte. Ueber die schöne Gegend,
an der er sich sonst so herzlich erfreut, ließ er,
auf der Höhe angekommen, kaum einen flüchtigen
Blick gleiten, sah sich aber dagegen forschend nach
allen Seiten um, ob nicht etwa ein Holzsammler,

14*

ober irgend ein anderer Mensch zufällig in der
Nähe sei.

Als er sich allein wußte, schlug er den zur
Nordseite der Berges führenden Fußpfad ein. Er
kannte ihn noch ganz genau. Endlich gelangte er
an die bezeichnete, ihm wohl erinnerliche Schlucht.
Er hätte neben derselben hingehen können, aber
er stieg gewissenhaft hinab und ein wahrhaft gei=
sterhaftes Gefühl überschlich ihn, als sein Fuß in
die welken, halb vermoderten Blätter einsank, mit
denen sie angefüllt war. Wie oft mochte der Fuß
des Greises einst hier gewandelt haben! Er
glaubte fast über halb versunkenen Grüften hin=
zuschreiten, und das Rascheln des Laubes erfüllte
ihn mit einem unheimlichen Schauer.

Dennoch ging er langsamen Schrittes weiter
und trat mit wirklich erleichtertem Herzen endlich
an der vorgeschriebenen Stelle wieder auf den
Rand des Grabens. Nicht weit davon sah er die
bekannte Buche. Es konnte kein Irrthum mög=
lich sein; nur diese konnte gemeint sein. Welcher
Unterschied gegen damals, wo er sie zuerst ent=
deckte, geschmückt mit ihrem herrlichen Blätterputze
und er übermüthig hineinkletterte in das Gezweige,

und heute; wo die langgespitzten, schmalen, dun=
kelbraunen Knospen noch eifersüchtig das schwel=
lende Grün umhüllten und die nackten Stämme
und Aeste, kahl und entblößt sich in einander
schlangen in trauriger Verkrüppelung; den Win=
dungen der Schlange im Märchen gleich, die
zusammengerollt über dem Schatze des Zauberers
liegt, giftgeschwollen denselben hütend.

Herr Zachäus trat näher.

Sein Auge flog hinab in das Thal, das un=
ter ihm lag in friedlich stiller Einsamkeit, und
schweifte dann forschend hinauf über den Rücken
des Berges. Kaum ein Dutzend Schritte entfernt
von seinem Standpunkte, begann der Steinbruch,
dessen er sich von früher her erinnerte, schroff und
steil seine Wände in das Thal hinab zu senken.
Er trat um den Baum herum, nach demjenigen
Stamme spähend, der am weitesten in der Richtung
nach Norden hervorgesproßt war. Eine starke
Wurzel lief von dem unteren Theile desselben über
den Boden fort, der Senkung des Abhanges fol=
gend, bald demselben dicht sich anschmiegend, bald
wieder in knorrigen Krümmungen hoch sich dar=
über erhebend. Das mußte die Wurzel sein, de=

ren Bruder Veit Erwähnung gethan, obschon die
Erde, welche der Klausner einst darüber ange-
häuft hatte, längst vom Winde entführt, vom
Regenguß weggewaschen und in das Thal hinab-
gerissen worden war. Kahl und nackt lag sie da,
vor den Blicken der Forschers.

Noch einmal schaute Herr Zachäus sich lange
und prüfend um. Niemand war in der Nähe;
auch nicht das leiseste Geräusch ließ sich vernehmen. Jetzt ließ er sich — und das Herz schlug
ihm hoch auf, in ängstlicher Sorge und Erregung — nieder auf das Knie und maß mit prü-
fendem Auge, die vorgeschriebene Entfernung vom
Stamme. Sodann holte er aus seiner Tasche ein
festes Waidmesser hervor, mit langer, spitziger
Klinge und breitem Rücken, das, aufgeschlagen,
einem Dolche glich, und machte sich darüber her,
mit Hülfe desselben die Erde unter der Wurzel an
der bestimmten Stelle zu entfernen. Die Arbeit
ging weniger leicht von Statten, als er gedacht.
Die Erde war nicht allein hart, sondern auch von
gröberem und feinerem Wurzelwerk nach allen
Richtungen hin durchwachsen und durchflochten.
Alles das mußte mühsam durchschnitten und ent-

fernt werden. Dann wurde der Boden lockerer;
bald darauf traf er auf eine Lage Steine, die mit
Fleiß und Bedacht über einander geschichtet zu sein
schienen. Das Messer, zwischen die Fugen derselben
gedrückt, mußte als Hebel dienen, um sie, einen
nach dem andern, zu lockern, bevor er sie heraus=
ziehen konnte. Schon über zwei Fuß tief hatte
er sich hinabgearbeitet und mehr als eine Stunde,
in Schweiß gebadet, auf seine Arbeit verschwendet,
da plötzlich stieß er auf festen Grund und erkannte
zu seiner Freude den flachen Stein, der ihm als
Schlußstein der Höhlung und als Wahrzeichen
angezeigt worden war. Er war in Mörtel ein=
gebettet und der Mörtel war hart, wie der Stein
selbst. Die Grube mußte erweitert werden, ehe
er Raum genug gewann, um mit seinem Messer,
indem er mit einem Steine auf dasselbe schlug,
den Kalk ringsum in kleinen Stücken absprengen
zu können. Abermals war eine Stunde in ange=
strengter Thätigkeit vergangen. Da endlich wankte
der Stein; ein kräftiger Schlag trieb das Messer
hinein in die Fuge, ein paar heftige Rucke noch,
und er war gelöst.

Ein unwillkürliches: „Na Gott sei Dank! —

Endlich doch!" klang ganz vernehmlich von Herrn
Zachäus Munde, und ein paar tiefe, aus voller
Bruſt eingeſogene und herausgeſtoßene Athemzüge
beurkundeten, wie ſauer er es ſich hatte werden
laſſen und wie ſehr zufrieden er ſich in ſeinem
Herzen fühlte über die glückliche Beendigung der
eben ſo ungewohnten, als anſtrengenden Arbeit.
Sodann beugte er noch einmal ſich tief hinab in
die Grube, ſenkte halb zagend, halb trotzig ent=
ſchloſſen, den Arm in die frei gewordene Oeffnung,
und zog im gleichen Augenblicke eine faſt ſchwarz=
gewordene Büchſe aus derſelben hervor, welche er
als des Klausners Vermächtniß erkannte und
ſchleunigſt zu ſich ſteckte, nachdem er ſich überzeugt
hatte, daß dieſelbe feſt verſchloſſen war.

Von der Mühe die ſo eben geöffnete Grube
wieder zuzuſchütten, dispenſirte ſich Herr Zachäus
ohne Weiteres; gab ſich aber dafür mit um ſo
lobenswürdigerem Eifer, dem preiswürdigen Ge=
ſchäfte hin, ſeinen äußeren Menſchen nach Mög=
lichkeit von dem Schmutze wieder zu ſäubern, den
er in Ausübung ſeines Schatzgräberberufes auf
demſelben angeſammelt hatte. Eine Arbeit, eben
ſo unerquicklich, als nothwendig, wenn Herr Za=

chäus nicht als Musterbild eines Vagabonden und
Strauchdiebes vor den Leuten erscheinen wollte;
leider aber von so unvollständigem Erfolge gekrönt, daß namentlich Hände, Ellenbogen, Kniee
und Stiefel allen Säuberungsprozessen zum Trotze,
einen höchst abschreckenden Anblick gewährten! —
Zum guten Glücke kam er indessen unbemerkt und
eben zur rechten Zeit in dem Hause seines Freundes an, um noch vor dem Mittagstische sich den
erforderlichen Abputz geben zu können und das
Erbschaftsobject in seiner Reisetasche sicher unter-
zubringen.

„Wo haben Sie denn den ganzen Vormittag
über gesteckt Herr Zachäus?" fragte die Burgfrau.

„Auf dem Vitibuck, verehrteste Frau! Nur um
deswillen bin ich ja hierher gekommen und um
— um —"

„Nun, um — um — und was noch Herr
Zachäus?"

„Um Ihretwillen, meine Gnädigste" erwiederte
er mit höflicher Verneigung.

„Mehr schmeichelhaft, als wahr, mein Verehrtester," entgegnete die Dame.

„Durchaus nicht, hochgeschätzteste Burgfrau" fiel

Herr Zachäus haſtig ein; „bedenken Sie doch nur,
hatten Sie nicht Höchſtſelbſt im verwichenen
Sommer mich aufgefordert einige Verſe über die=
ſen angenehmen Berg zu machen? Hatte ich's
nicht verſprochen und ſchändlichſter Weiſe ver=
geſſen? — Da plötzlich drückt mich mein Ge=
wiſſen, ich eile ſpornſtreichs hierher und gebe Ihnen
den Beweis —“

„Ei beſter Herr Zachäus, zeigen Sie ſchnell
her, was Sie geſchrieben, ſprach die Burgfrau
ſchelmiſch lächelnd, —“

„Geſchrieben?“ fragte Herr Zachäus ſich ganz
verwundert ſtellend,

„O geſchrieben habe ich noch keine Zeile; ich
wollte auch nur ſagen: ich gebe Ihnen den Be=
weis meines guten Willens. Ich kam um mich
in die nöthige Stimmung zu verſetzen, die Situa=
tion zu ſtudiren, Jagd zu machen auf Gedanken,
Stoff zu ſuchen für ſchöne Gefühle und einen
Schatz zu heben von poetiſchen Bildern.“

„Und haben Sie gefunden, was ſie ſuchten?“
lautete die Frage.

„Ich hoffe,“ erwiederte Herr Zachäus, „es ſoll
ſich Alles als gut und ächt erweiſen.“

Man setzte sich zu Tische, und Herrn Zachäus
Unterhaltung war während der Mahlzeit wun-
derlich und abspringend. Bald schien er im Nach-
sinnen vertieft; bald wieder von dem lustigsten
Humore übersprudelnd, erzählte er die launigsten
Anecdoten von der Welt, von denen er bis an's
Ende kein Wort vergessen hatte, als — die
Pointe. Nachdem Herr Schloßherr ihn stillschwei-
gend beobachtet hatte, sprach er:

„Hört einmal Zachäus, Ihr kommt mir heute
grade vor als sei Euch etwas Außergewöhnliches
passirt und wüßtet noch nicht recht, ob es Gutes
oder Schlimmes zu bedeuten habe; und da gemahnt Ihr mich durch Euer Gebaren an unsern
alten Hauskater, dem ich einmal als Junge eine
Blase mit Erbsen an den Schweif gebunden hatte.
Das arme Thier schien, als es das Rasseln hinter seinem Rücken vernahm, zuerst noch zu überlegen, ob es die Sache von einer ernsthaften oder
scherzhaften Seite anzusehen habe. Als aber mit
jeder Bewegung das Klappern und Rollen stärker
wurde, machte er einige ganz tolle, lächerliche
Kapriolen, und —"

„Riß aus, als ob der böse Feind hinter ihm

her wäre," setzte Herr Zachäus seines Freundes
Rede ohne Umstände fort. — „Ja, ja, ich kenne
das! Bin auch einmal jung gewesen und habe
mancherlei erlebt!"

„Getroffen!" sprach der Schloßherr, „aber der
Spaß hatte auch seinen Ernst, denn das Teufels=
vieh setzte zuerst auf den Tisch und riß meiner
Mutter Staatslampe herunter, die nagelneue
Astrallampe, und dann fuhr es hinaus durch's
Fenster und zwar durch die Spiegelscheiben, die
damals noch verdammt selten und theuer waren.
was mir nach beendeter Untersuchung und ge=
schlossenen Acten, einen ganz artigen Rücken voll
Schläge eintrug."

„Ist Euch Recht geschehen!" sprach Zachäus.
„Aber die Moral von der Geschichte bleibt immer
die: Ehe Du einem Kater Erbsblasen an den
Schwanz bindest, trage die Lampe hinaus und
öffne das Fenster, denn er reißt allemal aus und
zwar mit Vehemenz. Deshalb ersuche ich Euch
freundschaftlichst mein lieber Schloßherr, mir zur
gehörigen Zeit die Thüre zu öffnen, zum Ab=
marsche mit dem nächsten Bahnzuge. Hört Ihr
nicht wie die Blase schon hinter mir rasselt, da

Ihr doch die Capriolen, die ich probeweise schneide,
wahrgenommen habt? Ich schwöre Euch, das
Ausreißen steckt mir bereits in allen Gliedern,
bloß weil ich immer noch nicht dahinter kommen
kann, ob mir die Blase im Scherz, oder im voll-
wichtigen Ernste aufgebunden worden ist."

„Aber mein bester Herr Zachäus," fragte die
Burgfrau ganz erstaunt, „es kann doch unmöglich
Ihr Ernst sein, uns sofort wieder zu verlassen?"

„Ganz sicherlich, Allergnädigste!" rief Zachäus.
„Und ich muß wahrhaftig durch's Fenster, wenn
ich die Thüre nicht offen finde. Denken Sie doch
nur, ich habe das — Heimweh! — Sie, die so
dicht an der Schweizer Grenze wohnen, werden
gewiß von dieser fürchterlichsten aller Krankheiten
schon gehört haben. Ach, mein Gott, es sollen
Menschen existirt haben, die daran gestorben sind.
Ich habe das sonst immer nicht glauben wollen,
aber ich fühle es jetzt ganz deutlich, ich muß
sterben vor Neugier — Heimweh wollte ich
sagen, wenn ich auch nur eine Stunde länger als
nöthig, von meinen vier Pfählen wegbleiben
müßte! — Dennoch will ich hier bleiben, Ihnen
zu Gefallen, ja von Herzen gern und so lange

Sie wollen, jedoch bedenken Sie nur theuerste Frau, sie bekommen am Ende noch gar eine Leiche im Hause, neben alle dem Geister — Grä= ber — und Gespensterspuke, mit dem Sie schon belastet sind."

„Pfui, Herr Zachäus," rief die Burgfrau, in= dem sie in komischem Entsetzen die Hände ab= wehrend von sich streckte, „Sie sind ein garstiges, boshaftes, widerwärtiges Ungethüm! Ja Sie, Herr Zachäus, Sie meine ich und Sie haben gar nicht nöthig, mich mit so lammfromm fragenden, scheinheiligen Augen anzublicken. Heben Sie sich von dannen, denn mir graut vor Ihnen und Ihrer Leiche. Der Kaffee soll augenblicklich fertig sein; aber den Brief, den ich Ihnen an die Frau mitgeben wollte, werde ich mit der Post nach= schicken, damit die Ihrigen 'erfahren, was Sie für ein abscheulicher Bösewicht sind, sobald Sie der sorgsamen Obhut Ihrer braven Frau und Kinder entsprungen sind. Grüßen Sie unterdessen Alle bestens."

Herr Zachäus verbeugte sich mit kummervoller Miene gegen die Dame und sprach mit affectirter Wehmuth:

„Seht Schloßherr! Da habt Ihr jetzt an Eurer eignen, höchst schätzbaren Gattin eine kostbare Probe von der schlechten Behandlung, der der edelste Mann ausgesetzt sein kann. Ich erbiete mich, Weib und Kinder vergessend, mein eigenes theures Leben zum Opfer bringen zu wolleg, einzig und allein, um dem leise angedeuteten Wunsche der Dame, noch etwas länger hier bei Euch zu bleiben, Folge zu geben. Ich will unter ihren Augen sterben, um mir durch meine ritterliche Hingebung, wenigstens das Anrecht auf eine Thräne des Mitleidens aus ihren schönen Augen zu erkaufen und werde — unter allerhand gar nicht schmeichelhaften Benennungen, an die Luft gesetzt. — O Weiber, unbegreifliche Weiber! — Könnte Einem da das Herz nicht brechen vor Jammer? — Schöne Dame, Ihr Kaffee ist ganz vorzüglich und wenn Sie mir gefälligst die kleine Karaffe mit dem Kirschwasser herüber reichen wollen, so wird mir's sicherlich zum größten Troste in meinem herben Kummer gereichen. — Dank' Ihnen verbindlichst." —

„Jetzt komm' einmal her, mein schlanker Kurt, und schlage mir noch ein Paar Deiner vor-

trefflichen Purzelbäume! So, recht brav, mein
lieber Junge! — Und Du, dickes Mariele, gieb
mir ein Paar schmatzige Küsse mit auf den Weg!
Adieu, mein Dickchen! — Sehr theure Burgfrau,
lassen Sie gnädigst einige freundliche Strahlen
aus Ihren sonnigen Augen in die Nacht meiner
Betrübniß fallen, damit mir der dunkle, dornige
Weg des Scheidens ein wenig erhellt werde.
Richten Sie durch ein freundliches Abschiedswort
den Unglücklichen wieder auf, den Sie so un=
barmherzig danieder geschmettert haben mit harter
Rede. —"

„Lebt wohl, Freund Schloßherr! Ich höre die
Locomotive pfeifen! Das Verhängniß schreitet schnell
von Ober=Lauchringen daher und die Anhaltezeit
hier ist gewaltig kurz." —

„Lebt wohl, alter Zachäus!" sprach Herr Schloß=
herr, indem er dem Freunde die Hand drückte.
„Kommt mir aber nicht wieder in das Haus ge=
flogen wie ein Meteor, und verschwindet in Dunst
und Nichts, ehe man Euch eigentlich nur einmal
wahrgenommen hat. Hört Ihr?"

„Ein andres Mal mehr davon! — Ade! —
Gott behüt' Euch Alle!" — rief jener und stürmte

mit seinem Reisesacke die Treppe hinab, nach dem Bahnhofe; woselbst er grade noch rechtzeitig genug eintraf, um sein Fahrbillet zu lösen, die Locomotive nochmals pfeifen zu hören und Hals über Kopf in eine offen gehaltene Wagenthür des bereits leise anrückenden Zuges hineingeschoben zu werden.

„Gott sei Dank!" rief er, nachdem er es sich auf seinem Platze so bequem als möglich gemacht — „Gott sei Dank, daß ich noch so halbweges mit Anstand und 'Ehren wieder fortgekommen bin. Es ist aber doch eine fatale Sache um das Lügen, wenn man darauf nicht eingeschult ist. Es ist wohl möglich, daß es Einem viel Vergnügen machen kann, wenn man daran gewöhnt ist, und daß es den Geist, den Witz und die Erfindungsgabe stärkt, das Gedächtniß nicht zu vergessen; aber man muß doch auch das Alles gleich vorräthig mit in das Geschäft bringen, wenn man nicht sofort ausverkauft werden will. Was der Schloßherr und seine Frau, wohl von mir denken werden? — Ach, und wenn ich nach Hause komme und über meine Fortschritte in der Wissenschaft Rechnung ablegen soll! — Das muß ich mir Alles noch vorher gründlich zurecht legen! —"

„Priese gefällig?" fragte eine respectable Baß=
stimme, deren Inhaber sein Nachbar war, und
eine echte Tulaer Dose wurde ihm plötzlich vor die
Brust gehalten.

„Danke ergebenst," sprach Herr Zachäus mit
einer leichten Verneigung. „Ich schnupfe nie."

Der Besitzer der Baßstimme und der Tulaer=
dose, eine charmante Person, rund wie ein Bors=
dorfer Apfel und eben so rothbäckig, fing sofort das
Wörtlein nie auf, wie einen Fangball und sprach:

„Nie? — Wunderbar! — Haben auch nie ge=
schnupft? — Ei, ei! Gedenken vielleicht auch nie
zu schnupfen? — Schade! Stärkt Augen und Ge=
hirn. — Veritabler, französischer Rappé. Wollen
wirklich nicht einmal versuchen? — Rauchen viel=
leicht auch nicht?" —

„Doch!" sprach Herr Zachäus, und holte sogleich
Tabaksbeutel und Thonpfeife hervor. Er hatte
kaum einige Züge geraucht, als sein redseliger
Nachbar sich sofort wieder zu ihm wandte.

„Ach, ach! — Ganz vortrefflicher Tabak das!
Echter Levante! — Kenne das aus Erfahrung.
Machen vielleicht in dem Artikel? — Nein? —
Entschuldigen Sie. Reisen aber doch in Geschäf=

ten? — Wie? — Privatgeschäfte? — So so! —
Ich auch. Habe mich zur Ruhe gesetzt. Lebe von
den Zinsen. Will's Leben jetzt noch ein bissel ge=
nießen. — Vielleicht verheirathet? Auch Familien=
vater? Kinder? Wie viel? Schon erwachsen?
Mädchen oder Knaben? — —

In dieser Weise begann der runde Herr eine
Unterhaltung, bei welcher sich dem Herrn Zachäus
die Haare vor Entsetzen zu Berge sträubten und
er zu überlegen anfing, ob es besser sein würde,
einen Mord zu begehen, grob zu werden, oder
sich schlafend zu stellen.

Die Ausführung des ersteren Gedankens schei=
terte an der Anwesenheit anderer Passagiere; zu
der des zweiten, ließ ihn die offenbare Harm=
losigkeit und Gutmüthigkeit des Fragers nicht
kommen; die des dritten, verhinderte der echte La=
vante, und schließlich zeigte sich's, daß der frag=
selige dicke Herr, nachdem er sich müde gefragt
hatte, eine ganz kenntnißreiche und gebildete Per=
son war, mit der sich Herr Zachäus so mannigfach
und angenehm unterhielt, daß er gar nicht mehr
daran denken konnte, sich auf irgend eine kleine
Nothlüge vorzubereiten.

Der dicke Herr war, wie er mittheilte, aus Pforzheim gebürtig, hatte dort die edle Kunst Benvenuto Cellinis erlernt, war über Wien nach Konstantinopel gekommen, hatte in der Türkei und Kleinasien dreißig Jahre hindurch einen sehr erfolgreichen Handel mit Goldwaaren, Perlen und Edelsteinen getrieben und was man sagt, sein Glück gemacht.

Er hatte an dem Wohnsitze des Oberschauers einen Verwandten, bei dem er sich einige Tage aufhalten wollte, und gedachte dann einen Abstecher nach Paris zu machen, um sich zu amüsiren.

Mitternacht war längst vorüber, als die beiden Herren an ihrem Bestimmungsorte eintrafen und Herr Zachäus nach mehrmaligem Klingeln und Klopfen in seine Wohnung eingelassen wurde. Gegen seine überraschte Frau, entschuldigte er sich mit großer Ermüdung, versprach alle weiteren Aufschlüsse auf morgen, und bewies fünfzehn Minuten später, durch ein gesundes, unverstelltes Schnarchen, daß er sich mit Behagen dem Schlummer des Gerechten hingegeben habe.

Am nächsten Morgen, am Kaffeetische, begann

das gefürchtete Examen, wegen der unerwartet
schnellen Wiederkehr. Herr Zachäus gestand klein-
laut, daß gar nichts aus der Versammlung geworden sei; verschiedene Herren seien krank geworden, andere verhindert und abgehalten gewesen, kurz, die wissenschaftliche Berathung sei ver-
tagt worden und man habe nur vergessen, ihn
rechtzeitig davon in Kenntniß zu setzen. Alles
das habe er schon bei Schloßherr erfahren, der
ebenfalls bei der Partie hätte sein sollen. Er
sei bei demselben über Nacht geblieben, und — da
wäre er nun wieder!

Die Frau brummelte etwas von „unnützen
Kosten". Herr Zachäus versuchte sie mit der
verständigen Bemerkung zu trösten, daß diese ganz
erklecklich höher gewesen sein würden, wenn das
Fest wirklich abgehalten worden wäre und zog
sich sodann mit ungewöhnlicher Hurtigkeit auf sein
Zimmer zurück.

Hier erschloß er seine Reisetasche und nahm
eilig die Zinnbüchse hervor, deren Oeffnung er
auf jede mögliche Weise, immer aber vergeblich
versuchte. Das Schraubengewinde wollte sich durchaus nicht lüften. Je eifriger und aggressiver er

in seinen Bestrebungen wurde, je hartnäckiger bestand das Metall auf seinem passiven Widerstande.
Endlich nahm er, kurz entschlossen eine Feile zur
Hand und machte sich frisch darüber her, den fa-
talen Deckel abzuschneiden. Das Geschäft ging
langsam, aber sicher von Statten und als er endlich den Deckel abheben und die Büchse umstürzen
konnte, hatte er die angenehme Genugthuung,
eine große Anzahl blitzender Steine auf dem Tische
herumrollen zu sehen.

Herr Zachäus, der niemals zu jener begünstigten
Minorität von Erdenwallern gehört hatte, denen
es vergönnt ist, sich mit Brillanten zu schmücken,
war in Folge dessen auch ein herzlich schlechter
Kenner und Taxator derselben. Obschon aber
nur sehr dunkle und verworrene Begriffe über
den Werth seiner Schätze in ihm aufstiegen, so
erfreute ihn doch nichts desto weniger ihr funkelnder Schimmer und die Größe derselben setzte ihn
in Erstaunen. — Da trug freilich der reiche Ban-
quier Natan Natanson in der Residenz, einen
Brillanten als Busennadel und einen anderen im
Ringe, und erzählte mit wundersam wichtiger
Miene jedem, der ihm im Club zum weißen

Bären zu nahe kam, was die Steinerchens koste=
ten, und wie viel Percente sie wegfräßen, in
einem Jahre; und Seine Excellenz der Herr
Staatsminister trugen ebenfalls einen Ring, der
ein Kaiserliches Geschenk war, und wohl dreimal
größer als Natan Natansons Busennadel, aber
wie winzig war selbst der kaiserliche Brillant
gegen den allerkleinsten von denen, die hier vor
ihm ausgeschüttet lagen. Sie mußten sicherlich
eine stattliche Summe repräsentiren; wie groß?
Darüber konnte er indessen nicht mit sich einig
werden.

Ein jeder der Steine war mit einer rothen
Nummer gezeichnet und bei diesem Umstande fiel
ihm ein, daß Bruder Vitus ja auch eines Ver=
zeichnisses erwähnt habe, das denselben beigefügt
worden. Er untersuchte demnach noch einmal die
Büchse und fand in derselben richtig das vermißte
Papier. Wer aber vermöchte sein Erstaunen zu
schildern, als er die Werthangaben betrachtete,
die jeder Nummer beigefügt waren und endlich
die Hauptsumme in das Auge faßte, welche mit
mehr als zwei Millionen abschloß.

Konnte das Wahrheit sein, oder war es ein

Scherz, den der Erblasser sich gemacht? — Nein,
es konnte kein Scherz sein, dem widersprach Alles,
was der Klausner über sich und seine Schicksale
hinterlassen hatte. Es mußte Wahrheit sein.
Und das Alles war jetzt sein Eigenthum, sein
rechtliches, unbestrittenes, unantastbares Eigenthum. Er konnte es nicht fassen! Und diese
ganze ungeheure Summe konnte er halten und
forttragen in den beiden hohlen Händen. Aber
halt! — Hatten denn die Steine auch jetzt noch
den damaligen Werth? Hatte er nicht gehört oder
gelesen, daß in Rußland, Peru, Mexiko oder
sonst irgend wo, so viele Diamanten gefunden
worden sein, daß der Preis derselben gewaltig
herabgedrückt worden? — Wenn aber auch, was
that's? Blieb trotzdem nicht immer noch so viel
übrig, daß der Gedanke, wie er möglicher Weise
nur im Stande sein könne, Verfügungen und
Dispositionen über diesen Restbestand zu treffen,
ihm jetzt schon Kopfschmerzen verursachen konnte?

Er raffte eilfertig seine Steine zusammen, verschloß sie und wollte sich auf sein Bureau begeben. Er mußte durchaus erst frische Luft schöpfen
um seine, von dem ungewohnten Ueberflusse an

den Schätzen dieser Welt etwas in Unordnung gebrachten Gedanken wieder zu sammeln.

Auf dem Wege stieß er unvermuthet auf seinen dicken Reisegefährten der vergangenen Nacht. Halt, sprach Zachäus, das ist grade der Mann, den ich brauche, und der mir Auskunft geben kann, über den jetzigen Werth meiner Steine. Aber wie stelle ich's an? — Ich bin seit den letzten drei oder vier Tagen so in das Lügen hineingerathen, daß ich gar nicht wieder herauskommen kann. Ich muß den Dicken natürlich auch noch einmal anlügen. Dann aber soll es wahrhaftig in meinem ganzen Leben nicht wieder geschehen.

Die Herren begrüßten sich, schlenderten durch die Straße, betrachteten vor der Buchhandlung die ausgestellten Bücher und Kupferstiche, beschauten am zweiten Orte Uhren oder Kristallwaren, begafften dort eine Riesencigarre von fünf Fuß Länge, hier den großen Mohren im Schaufenster einer eleganten Schnittwaarenhandlung und blieben endlich vor der Wohnung des Herrn Oberschauers stehen, der seinerseits den dicken Herrn einlud, bei ihm ein Glas Wein anzunehmen.

Während der Mann mit Baßstimme und Tuladose harmlos bei dem Frühstücke saß, brachte Herr Zachäus hinterlistiger Weise die Rede auf echte Steine, worüber dann wieder der dicke Herr sehr schätzbare und höchst belehrende Ansichten entwickelte und sich eingänglich in Erklärungen vertiefte, die seinen Kenntnissen und Erfahrungen zu großer Ehre gereichten. Das war der Punkt, auf dem Herr Zachäus ihn hatte haben wollen. Mit der unschuldigsten Miene von der Welt, warf er ganz treuherzig hin, daß er durch ein Vermächtniß in den Besitz eines Brillanten gekommen sei, dessen jetzigen genauen Werth er gar gern wissen möchte. Der Stein sei jedenfalls werthvoll, am Orte befinde sich kein Sachverständiger, und er habe sich nicht entschließen können, ihn fortzuschicken, weil ein etwaiger Verlust desselben ihn gewaltig schmerzen würde.

Der Bassist schlürfte bedächtig an seinem Glase, erquickte seine Nase mit dem veritablen französischen Rappé, lächelte freundlich beistimmend und sagte:

„Wenn Sie die Gewogenheit haben wollen, mich Ihren Stein untersuchen zu lassen, so kann ich mich unterstehen Ihnen den Werth ziemlich genau anzugeben."

Herr Zachäus war sogleich bereit, auf diesen Vorschlag einzugehen, bat seinen Gast, sich einen Augenblick zu gedulden und kehrte bald darauf mit demjenigen Steine, welcher als der geringste in der Nachweisung aufgeführt war, in das Zimmer zurück.

Der dicke Herr war überaus erstaunt über die Größe und Schönheit des Brillanten, prüfte ihn mit besonderer Genauigkeit und würdigte ihn um ein Bedeutendes höher, als er in dem Verzeichnisse aufgeführt war. „Ich kann," sagte er, indem er ihn zurückgab, „Ihnen allerdings nach dieser oberflächlichen Prüfung nur eine annähernde Schätzung geben, aber verlassen Sie sich auf mein Wort, der Stein hat den Werth, den ich angab; und eher noch einen höheren. Zu dem gedachten Preise nehme ich ihn selbst, in jedem Augenblicke." Herr Zachäus nickte wohlgefällig und sprach:

„Der Stein war seit länger als hundert Jahren in der Familie des Erblassers, und ist weit niedriger damals angekauft worden, wie geht das zu?" —

„Weil der Werth des Geldes seit hundert Jahren fast um das Dreifache gefallen ist," entgegnete der Dicke. „Warum aber lassen Sie ein solches Kapital müßig liegen?"

„Ach, woher schnell eine neue Lüge nehmen?" fragte Herr Zachäus sich leise und erwiederte dann langsam dem dicken Herrn:

„Ja, sehen Sie Verehrtester, das ist so eine eigene Sache? Wie ich Ihnen schon vorher sagte, so ist dieser Stein ein Erbstück, aber er ist nicht der meinige, sondern soll nach dem Willen des Verlassers zur Ausstattung meiner Mädchen verwendet werden. Da nun keine von Beiden bis jetzt sich verheirathet hat, so habe ich billiges Bedenken getragen, ihn bis jetzt auch zu verkaufen. An den Zinsverlust habe ich gar nicht gedacht."

Der dicke Herr sprach freundlich: „Nun, Herr Zachäus, wenn Sie Ihren Stein einmal verkaufen wollen, und ich wünsche im Interesse Ihrer Fräulein Töchter, daß das recht bald geschehen möge, so bin ich gern erbötig Ihnen dabei behülflich zu sein und ich gebe Ihnen mein Wort, ich sorge dafür, daß Sie auch nicht einen Kreuzer weniger lösen, als er werth ist. Meine Adresse wissen Sie ja, und es soll mir eine herzliche Freude machen, Ihnen dienen zu können."

Das Erbieten des dicken Herrn wurde, als in der Folge der Verkauf der Steine nothwendig wurde, nicht vergessen und führte in der That zu unerwartet glänzenden Resultaten.

Nachdem derselbe sich bald darauf verabschiedet hatte, klopfte Herr Zachäus sich vor Freuden in die Hände und rief: Jetzt weiß ich, was ich wissen will! — Bin ich nicht ein wahres Glückskind? Alles gelingt mir, seitdem ich mich auf das Lügen verlegte! — Aber Pfui! von jetzt ab, wird nie= mals wieder gelogen, nein wahrwaftig nicht!

Als der Hausherr etwas später mit den Seinen beim Mittagstische zusammen traf, war er die Liebenswürdigkeit und Gesprächigkeit selbst. Sein ganzes Wesen schien ausgetauscht und sogar die folgenden Tage ließen kein Nachlassen in seiner heiteren und gemüthlichen Stimmung aufkommen. Er war, wie sonst in früherer Zeit, wieder viel und gern unter den Seinigen und neckte sich bald mit Diesem bald mit Jenem, in harmlosem Scherze. Die Frau und die Kinder besprachen häufig unter sich diese erfreuliche Veränderung, ohne ihrer Ur=

sache jedoch auf den Grund zu kommen. Eines Tages sagte Elsbeth:

„Väterchen, Dir muß etwas ganz besonders Angenehmes passirt sein, seit Deiner verunglück= ten fachwissenschaftlichen Studienreise!" —

„Ganz richtig, mein Kind," erwiederte Herr Zachäus, „denn ich habe bei dieser Reise mich über= zeugt, daß man auch für sich allein recht gute Studien machen und manches finden kann, was ungemein schätzbar ist, wenn man nur ordentlich zu suchen versteht."

„Halb Part, Vater!" rief Bertha dazwischen; „wenn Dein Fund sich in ein Paar goldene Ohr= ringe, oder in einen neuen Strohhut umsetzen läßt. Beides thut mir sehr nöthig."

„Aber mir nicht, Du putzsüchtiges Närrchen," sprach der Vater. „Einen einzelnen Ohrring kann weder ich noch Du brauchen, und was käme wohl von dem neuen Hute auf mein Theil, der Hut oder das Band? — Ich wüßte nichts mit meiner Hälfte anzufangen."

„Desto besser, so lässest Du mir das Ganze!" rief Bertha.

„Ich meine, Vater!" schob Ferdinand dazwi=

schen ein, „wenn Du auch nichts gefunden hast,
so hast Du doch etwas verloren!"

„Was denn?" fragte Herr Zachäus.

„Nun," lachte der Junge, „Deinen verdrieß=
lichen Schnupfen, von dem Du Dich in den ersten
zehn Jahren nicht wieder trennen wolltest, obschon
er Dir wirklich recht schlecht stand!"

Alle lachten und die Mutter sprach:

„Der Ferdinand hat Recht! Dein Schnupfen
ist fort, sammt dem muffigen schweigsamen Wesen,
wodurch Du Dich Mondenlang so ausgezeichnet
unliebenswürdig zu machen verstandest. Ich be=
klage diesen Verlust durchaus nicht; aber ich freue
mich herzlich über den Fund, den Du an guter
Laune gemacht hast. Behalte ihn ja ganz und
gehe mit niemandem halb Part. Ich war in der
letzten Zeit oft recht böse auf Dich und oft recht
besorgt um Dich!"

„Und warum denn das, meine Gute?" fragte
der Hausherr lächelnd.

„Ja siehst Du," sprach die Gattin, „böse war
ich auf Dich, weil Du ewig für Dich allein bliebst
und ich das nicht gewöhnt bin. Den ganzen
Tag über warst Du vertieft in Deine dummen

Zeitungen, oder in Deine Bücher, oder Du gingst
auf Dein Bureau, oder auf Dein Zimmer, aber
immer still und in Dich gekehrt. Fragte man
Dich nach etwas, so bekam man kaum eine halbe,
oder eine viertels Antwort, niemals mehr eine
ausreichende oder gar eine freundliche. Das machte
mich am Ende besorgt um Dich, weil ich glaubte,
Du würdest aus Mangel an Uebung noch das
Reden ganz verlernen; und mir graut in der
That vor einem stummen Manne. Ich will Dir's
nur gestehen, wir hatten auch schon hin und her
gesonnen, was für ein Weg zur Verständigung
zwischen uns einzuschlagen wäre, wenn Du wirklich eines schönen Tages ganz stumm geworden
sein würdest. Die Meinungen, ob schriftlich, oder
mittelst Zeichen verhandelt werden müßte, waren
bisher noch getheilt."

„So mögt Ihr sie von heute ab ganz auf sich
beruhen lassen!" sprach Herr Zachäus. „Meine
Zunge hat Gott sei Dank, während der Ruhe
keinen Schaden gelitten und daß weder die Deinige,
meine liebe Frau, noch irgend eine andere im
Hause, aus Kummer über meine Schweigsamkeit
in Verfall gerathen, oder gar wohl rostig gewor-

den ist, daran habe ich mich so eben recht genügend
überzeugen können. Adieu, Ihr Papageien und
Staarmätze!"

Als Herr Zachäus sein Zimmer wieder erreicht
hatte, schritt er mit auf den Rücken verschränkten
Armen, einige Male still und nachdenklich in demselben auf und nieder. Sodann zog er bedächtig
einen kleinen Schlüssel aus der Tasche, trat vor
seinen Schreibtisch und sprach: Dieses winzige
Schlüsselchen kann Wunder thun, wie Aladdins
Wunderlampe! Ich spreche zu diesem Schlüsselchen
das Zauberwort: „Oeffne!" und das Kästchen
fliegt auf und Petrus, Zachäus Grothe, ist Millionär, doppelter Millionär! —

Da liegt es vor mir, in glänzenden Gestei-
nen, was hunderten von Familien, bei richtiger
Vertheilung, das Leben sorgenfrei, angenehm und
wünschenswerth machen könnte! Da liegt er vor
mir der gesammelte Reichthum, der jetzt — für
mich zu spät kommt; und von dem der Zins eines
Vierteljahres, wenn ich ihn im Beginne meiner
Laufbahn gehabt hätte, mein ganzes dornenvolles
Leben umgewandelt haben würde in Glanz und
Sonnenschein. — Vielleicht! — vielleicht auch

nicht! — Da liegt nun das, nach dessen Besitz
der Mensch unersättlich ringt, jagt, strebt, dürstet
und Verbrechen begeht, um zu genießen, zu ver=
geuden, zu zerstreuen. Hätte ich vielleicht besseren
Gebrauch davon zu machen gewußt, als Tausend
Andre? — Ich weiß es nicht. — Ich möchte fast
glauben, nein. Wäre der Besitz desselben mir
früher dienlich gewesen, würde die Vorsehung nicht
früher schon Mittel gefunden haben mir es in die
Hände zu geben? Warum erst jetzt? — Jetzt,
nachdem mir durch alle begleitenden Umstände
auch der Verdacht in die Seele geworfen ist, daß
ich trotz Testament, nicht der berechtigte Erbe sein
möchte. Wollte der Himmel mir die Versuchung
ersparen, ob ich auch zu einer Zeit, wo das
Blut mir noch toll und wild durch die Adern
lief, wo meine Wünsche meine Leidenschaften,
meine Begierden noch nicht hinreichend gezähmt
und gebändigt waren, ungescheut und unbeirrt
wie jetzt, der warnenden Stimme in meiner Brust
Gehör gegeben haben würde? — Wollte er gütig
mir die Reue und die Pein abnehmen, dereinst
vielleicht mir selbst sagen zu müssen: Zachäus,
Du bist gewogen worden und zu leicht erfunden? —

Dann Dank Dir, Allgütiger, daß Du mich nicht früher in Versuchung geführt! —

Nach diesem Selbstgespräche verschloß Herr Zachäus das geöffnete Kästchen wieder, steckte den Schlüssel zu sich und schrieb Folgendes:

Mein lieber Graffen!

Es passiren mitunter sonderbare Dinge in der Welt und wenn ich Ihnen sage, daß mir so eben eins der sonderbarsten passirt ist, so dürfen Sie meiner Versicherung auf das Wort glauben. Damit Sie selbst aber nicht ganz leer ausgehen, sondern von den Sonderbarkeiten dieser Welt auch Ihr bescheidenes Theil zu tragen bekommen, nehme ich mir die Mühe, Ihnen diesen Brief zu schreiben. Sie können denselben sonderbar finden, so viel Sie Lust haben, falls Sie ihn mir nur allerschleunigst und nach Wunsch zu beantworten belieben. Hören Sie, Liebster, ich bin wirklich in ganz sonderbarer Weise, auf die Vermuthung ge= bracht worden, daß Sie einen Großvater oder Urgroßvater gehabt haben; ich weiß noch nicht genau was, wahrscheinlich aber einen Urgroß= vater. Sie könnten es vielleicht höchst sonderbar von mir finden, wenn ich erst eines sonderbaren

Zufalls bedurft hätte, um auf die Idee zu ge=
rathen, daß sich in der Reihe von Existenzen vor
Ihnen, jemals eine Lücke, oder ein Mangel an
einem so natürlichen Dinge, wie ein Großvater
oder ein Urgroßvater in jedem geordneten Haus=
halte ist, gezeigt haben sollte; aber ich schwöre
Ihnen zu, das ist wirklich nicht der Fall gewesen.
und auch der leiseste Argwohn Ihrerseits, daß
ich jemals dieser lästerlichen Meinung gehuldigt
haben könnte, wird sofort schwinden müssen, wenn
ich Ihnen erkläre, daß ich vor besagtem Ahnen
die größtmöglichste Achtung und Ehrerbietung
hege; weil ich durch den sonderbarsten aller Zu=
fälle, wahrscheinlich mehr von ihm weiß als
Sie. Jetzt zur Sache! und wenn ich mich hier=
mit ungebührlich in Ihre Familienangelegen=
heiten einzumischen scheine, so halten Sie sich
überzeugt, daß mich nicht die gemeine Neu=
gier bestimmt, den verschimmelten Verhältnis=
sen Ihres Herrn Groß= oder Urgroßvaters nach=
zuforschen.

Sie haben in Ihrem Besitze ein Bild, auf
Holz gemalt, das hier dereinst in Ihrem blauen
Zimmer über der Thüre hing, und einen jungen

Mann in geschmackvollem Morgenanzuge vorstellt,
der einer Ihrer Vorfahren gewesen sein soll.
Das ist der Mann, von dem ich Genaueres,
nein, das Genaueste zu wissen wünsche, und
ich bitte Sie dringend in Ihrem eigensten Interesse mir Aufschluß zu geben. Wer war dieser
Mann? Was wissen Sie von seinen Schicksalen?
Hat er jemals einen anderen Namen geführt, als
den Namen Graffen? War er verheirathet? Welche
Nachkommenschaft hinterließ er? Wann und wo
starb er? — Sind aus seinem Nachlasse Documente oder andere Gegenstände im Besitze Ihrer
Familie? — Kurz, Alles das lieber Graffen muß
ich wissen, bis in die geringsten Details hinein,
ohne Ihnen vorläufig sagen zu können, weshalb.
Ja noch mehr, ich muß sogar die Bitte an Sie
richten, die etwaigen corpora delicti, namentlich
aber jenes Bild, mir zur Ansicht und Prüfung
anvertrauen zu wollen. Vergessen Sie nichts,
was auf diesen Mann und seine Lebensverhält-
nisse sich bezieht. Nach dem Empfange und dem
Ausfalle Ihres Berichtes, werde ich im Stande
sein, Ihnen jeden Aufschluß zu geben, den Sie
nur von mir verlangen können.

Meine Frau und die Kinder sind wohl, wie
ich selbst, und lassen ihren alten Freund und
seine verehrte Gattin bestens grüßen. Von Carl
ist vor einiger Zeit ein Brief an Elsbeth eingegangen. Er klagt zwar nicht; aber zwischen den
Zeilen kann man herauslesen, daß er sich in seinen gegenwärtigen Verhältnissen beengt und be-
drückt fühlen mag. Schadet nichts! Er lernt auf
seinen eigenen Beinen stehen und daneben begreifen, daß der eigene Kopf das ungeeignetste
Instrument ist, um damit Löcher in die Wand
zu rennen. Es thut mir leid um den Jungen,
aber — ich gönn's ihm von ganzem Herzen. Der
Stahl muß unter dem Hammer erprobt werden.
Das Leben ist lang; und hat Einer die Glüh-
und Härteprobe in der Jugend überstanden, so
weiß er nachher um so besser zu schätzen, was im
Leben auch angenehm ist. Post nubila Phoebus!
Säumen Sie nicht mit der ausführlichsten
Antwort. Von ganzem Herzen Ihr getreuer
Zachäus.

„So!" sprach Herr Zachäus, nachdem er seinen Brief geschrieben und couvertirt hatte. „Jetzt
fort mit Dir! — Ob sich der Graffen wohl wun-

dern wird, was ich mit seinem Urgroßvater zu
schaffen habe? —"

Schon im Laufe der nächsten Woche ging ein
Brief und ein Packet von dem Freunde ein.

Der Anfang des ersteren lautete:

Mein lieber Freund! Ihre freundschaftliche
Erkundigung nach meinem Urgroßvater hat mich
allerdings ein wenig überrascht. Ich habe aber
in der That nicht allein einen solchen wirklich ge=
habt, sondern sogar auch eine Urgroßmutter,
nach welcher Sie Sich nicht erkundigt haben, und
die doch einer Nachfrage um so würdiger gewesen
wäre, als sie ganz allein im Stande, aber auch
bereit ist, Ihnen den gewünschten Aufschluß zu
geben. Ich verweise Sie in Allem, an die bei=
liegenden Aufzeichnungen dieser Dame. Was die
Hinterlassenschaftssachen anbetrifft, so hat außer
einem hart mitgenommenen chinesischen Kasten,
den ich seines Umfanges wegen zurückbehalten
habe, sich nichts weiter in der Familie erhalten,
als das Bild, welches Sie mir bezeichneten, und
das wirklich das meines Urgroßvaters ist; und
ein goldenes Medaillon, in welchem sich das Por=
trait meiner Urgroßmutter befindet. Beides erhalten

Sie hierneben. Was in aller Welt aber, können Sie noch mit meinem Urgroßvater zu schaffen haben? Ich bin wirklich gespannt auf die Aufschlüsse, welche Sie verheißen. — —

Den weiteren Inhalt des Briefes können wir füglich hier übergehen, da er sich lediglich nur um allgemeine Dinge drehte.

Nachdem Herr Zachäus gelesen, sprach er: „Bei Gott, es ist richtig, wie ich mir dachte! Bild, Medaillon, chinesische Kiste, Alles stimmt. Was brauche ich eigentlich noch mehr zu wissen?"

Dennoch öffnete er das Packet. Es enthielt ein Heftchen Schriften und Documente, welche er vorläufig bei Seite legte. Sodann ein goldenes Medaillon, mit dem Bilde eines jungen Mädchens und das Brustbild eines jungen Mannes. Letzteres war von einem einfachen, schwarzen Ebenholzrahmen umgeben, an welchem dem Beschauer nur der Umstand auffiel, daß die demselben sich anschließenden vergoldeten Schlagleisten, breiter als gebräuchlich waren, und dadurch das Format des Bildes einigermaßen beschränkten.

Herr Zachäus verglich dasselbe sofort mit dem des Bruders Veit. Nein, hier konnte kein Zwei-

fel mehr obwalten. Die Aehnlichkeit war über=
raschend, sofern man die Reihe der Jahre in An=
schlag brachte, welche zwischen der Anfertigung
des ersten und des letzten Bildes gelegen war;
und die nothwendigen Umwandlungen berücksich=
tigte, welche die Züge des glücklichen Jünglings=
antlitzes in die des hartgeprüften, lebensmüden
Greisenkopfes naturgemäß hatten erleiden müssen.

„Ich bin vollständig überzeugt," sprach Herr
Zachäus. „Aber trotzdem will ich, gleich dem un=
gläubigen Thomas, nicht eher ruhen, noch rasten,
als bis ich meine Finger in die Nägelmale gelegt
habe!" —

Er entfernte sorgfältig den Rahmen des Bil=
des und fand, wie er richtig vermuthet hatte, an
jeder Kante desselben ein Loch, welches die hölzerne
Tafel durchdrungen hatte.

Die Aechtheit des Bildes war unumstößlich
festgestellt.

Hierauf betrachtete er das Miniaturgemälde
Annas, das wir im Anfange unserer Erzählung
bereits geschildert haben, und zog schließlich die
Papiere an sich heran, die mit einer feinen Da=
menhandschrift auf bereits stark vergilbten Blät=

tern beschrieben waren. Die Ueberschrift derselben
lautete: An meinen Sohn, Johannes Graffen.

Herr Zachäus begab sich sofort mit äußerster
Spannung an die Lesung derselben.

Anna schilderte zuerst ihr elterliches Haus,
ihre Jugenderlebnisse und die Beziehungen,
welche zwischen ihr und der Familie der Guts=
herrschaft obgewaltet hatten, indem sie die ver=
schiedenen Glieder derselben genauer zeichnete.
Diesem Umstande haben wir es ganz vorzüglich
zu verdanken, daß wir die Lücken, welche des
Klausners Erzählung hin und wieder über seine
Jugendzeit gelassen hatte, auszufüllen und die
Erzählung der Schicksale Hansens und Annas bis
zu dem Augenblicke, wo der Schiffbruch des Chri=
stian Beide für immer von einander trennte, in
fortlaufender Erzählung wiederzugeben vermochten.

An dieser Stelle nun nehmen wir den Faden der
Begebenheiten wieder auf, mit Annas eigenen
Worten:

Hans hatte mich kaum verlassen, als sich über
meinem Haupte ein so furchtbares Krachen und
Poltern erhob, daß ich glaubte, das Schiff sei zer=
schmettert worden. Meine Bestürzung vermehrte

sich noch, als sich zu gleicher Zeit ein entsetzliches Jammergeschrei hören ließ, das sich durch alle Räume des Schiffes fortpflanzte und wiederholte. Männer brüllten, Weiber kreischten, Kinder weinten, Flüche und Gebete schallten durch einander. Ueber mir stampfte und polterte es, wie von eiligen Fußtritten, und als ob zugleich schwere Lasten hin und hergeworfen würden. In den Nebengemächern hörte ich durch einander schreien, rufen, klagen, winseln, und die Treppen erkrachten unter dem Gewichte sich drängender, ungestümer Fußtritte. Dazwischen heulte der Sturm mit so gewaltigem Brausen, daß er alles Uebrige wieder übertönte und die Wellen rasten mit so fürchterlicher Gewalt gegen die Planken des Schiffes, als wollten sie dieselben in jedem Augenblicke durchbrechen und zertrümmern. Das Schiff taumelte und schwankte; und mit Grausen hörte ich, wie es dröhnend fort und fort mit seinen Seiten an einen harten Gegenstand anschlug.

Ich war so elend und entkräftet, daß ich kaum ein Glied zu rühren vermochte; aber das Entsetzen riß mich auf von meinem Lager. Verzweiflungsvoll wankte ich zur Thür, den Namen meines

Gatten, rufend. Mit krampfhafter Anstrengung
versuchte ich, dieselbe zu öffnen, und hörte nun
deutlich die verworrenen Rufe: Wir sind verloren! Rettet Euch! Hülfe, Hülfe! Das Schiff geht
unter! — Dann brach ich bewußtlos zusammen.

Wie lange meine Ohnmacht und Erstarrung
gedauert haben mag, vermag ich nicht zu bestim-
men, doch muß sie längere Zeit angehalten haben,
denn als ich wieder zur Besinnung kam, war das
entsetzliche Geschrei auf dem Schiffe bereits verstummt und Todtenstille hätte in und auf demselben geherrscht, wenn nicht der Sturm, wüthen-
der denn je, dasselbe durchheult und durchbraust
hätte. Ich versuchte, mich aufzuraffen; es gelang
mir endlich. Neben der chinesischen Kiste war ich
zu Boden gesunken; an ihr hob ich mich mühsam
empor und mechanisch trug ich sie die Treppe
hinauf an Bord.

Welch ein schrecklicher Anblick! Die Masten
waren zerbrochen und in rasender Wuth schlugen
ihre zertrümmerten Stumpfe gegen die Schiffs-
wandung. Welle auf Welle rollte über das Verdeck. Jetzt aber war ich plötzlich nicht mehr das
schwache, von Entsetzen und Ohnmacht zu Boden

geschmetterte Weib. — Ruhig und gefaßt klam-
merte ich mich mit beiden Händen an eine noch
stehende Wante und rief nach meinem Gatten.
Vergeblich, ich war allein, allein auf dem verlassenen, dem Verderben preisgegebenen Schiffe zu-
rückgeblieben. —

Schwarz und düster stürzten die Wellen, Bergen gleich sich übereinander, einander zerdrückend
unter ihrer riesigen Wucht. Hoch hinauf spritzte
der weiße Gischt und die zerpeitschte Salzfluth, den
Raum zwischen Meer und Wolken mit bleichem
Nebel erfüllend. Auf ihren weißen Riesenkronen
hoben sie die Leichen Ertrunkener empor, um sie
gleich darauf wieder mit sich hinabzureißen in die
tiefe Wogenkluft und dort, in der Entfernung
von wenigen hundert Schritten kämpfte, überfüllt
mit Menschen, ein Boot an, gegen den heulenden
Wind und das brausende Meer. Dorthin starrte
mein Auge, das den Gatten suchte. Jetzt hob sich
das Boot empor, hoch, hoch empor auf zerbrech-
licher Welle und jetzt — stürzte es hinab in den
gähnenden Abgrund! Ein herzzerreißender Schrei
durchgellte Sturmgebrüll und Wogengebraus, und
dann hielt der Tod Ernte an Allem, was soeben

noch geathmet, gelebt, gekämpft, gerungen, gehofft,
und gebetet hatte um Rettung und um Erbar=
men. Ich, von allen denen, die das Schiff
vor einer kurzen Stunde noch umschlossen hatte,
war das einzige Wesen, das noch am Leben war.
— Erfreute ich mich des Gedankens? — Nein!
Hoffte ich auf Rettung? — Nein! — Ich sehnte
mich nach Wiedervereinigung mit Dem, der mir
Alles gewesen im Leben. Ich wünschte zu sterben.
Ich schloß in inbrünstigem Gebete meine Rech=
nung ab mit dem Herrn, und eine wahrhaft selige
Heiterkeit und Ruhe kam über mich, als selbst
meinem unkundigen Blicke sich die Ueberzeugung
aufdrängte, daß das Schiff tiefer und tiefer sich
einsargte in die schwarzen Wogen, die es mit
Gier umstürmten und hinabzuziehen suchten auf
den grausigen Grund des Meeres.

Ahoi! Ihr da, aufgepaßt! — rief plötzlich
in geringer Entfernung hinter mir eine rauhe
Stimme.

Ich wandte mich dahin um. Ein kleines, star=
kes, mit fünf Männern besetztes Boot, hatte sich
bis auf kurze Entfernung herangedrängt. Vorn
in seiner Spitze stand ein kräftiger, wettergebräun=

ter, etwa sechszigjähriger Mann. In seiner Rechten schwang er ein dünnes, in Ringen zusammen-
gelegtes Seil über seinem Haupte und warf es
mit Kraft und Gewandtheit gegen mich. Schlan-
gengleich sich entrollend durchschnitt es die Luft
und seine letzten Windungen fielen mit hartem
Schlage auf meine Schultern. Instinctmäßig erfaßte ich das Seil.

Haltet die Leine fest und legt sie um den
Block neben Euch! rief der Alte mir zu.

Mit Ruhe und Besonnenheit befolgte ich seine
Befehle.

Wenige Augenblicke später stand der alte Schif-
fer neben mir.

Seid Ihr allein, ganz allein? fragte er verwundert.

Ich antwortete: Ganz allein!

Dann rührt Euch, daß Ihr in das Boot
kommt! fuhr er fort.

Ich zeigte ihm die Kiste, die neben mir stand,
und sprach: Nehmt!

Er hob sie schweigend empor und reichte sie
hastig in das Boot hinab. Sodann wurde ich
selbst hineingehoben. Der Alte schritt hierauf

schnell zur Treppe vor, die in den Raum hinab=
führt, kehrte aber geschwinde sogleich wieder zu=
rück, löste eilig die Leine und sprang mit sicherm
Sprunge in das Boot hinab zu uns, indem er
rief:

Fort, Jungens, fort; so lieb jedem von uns
sein Leben ist! Das Schiff sinkt! —

Unverwandt hielt ich meine Augen auf das
Schiff gerichtet, während meine Begleiter ruhig
und besonnen, aber mit Aufbietung aller ihrer
Kräfte das Boot von dem Schiffe ablenkten. Die
dunkelnden Schatten der Abenddämmerung be=
gannen sich leise mit den aufsteigenden Nebeln zu
mischen. Kaum tausend Schritte von dem Schiffe
entfernt, sah ich, wie es taumelnd seinen Stern
über den Wogen erhob und sein Bugspriet sich
in die Wogen neigte. Dann sah ich nichts mehr,
als das wogende Meer, wie sehr auch meine
Blicke sich anstrengten Nebel und Dämmerung
rings um mich her zu durchdringen. Das Schiff
war spurlos versunken. Wohl aber war es mir,
als ob geisterhaft und gespenstisch, ein tiefes Seuf=
zen über die Wellen herüber glitte zu mir. War
das der letzte Gruß meines Gatten gewesen? Oder

war es vielleicht der Hauch des Jammers und des
Entsetzens, der meiner eigenen gequälten Brust sich
entrungen hatte? — Ach, ich weiß es nicht. Aber
oft, noch oft habe ich ihn gehört, diesen traurig
bangen Laut, der damals meine Seele durch-
schauerte und bis an mein Sterbestünblein mein
Herz erzittern machen wird.

Die Stelle, an welcher der Christian versank,
mag wenig mehr, als eine halbe Stunde entfernt
sein von der Insel Christiansöe, deren Strand
auf Meilen hin, dort kahl, öde und unbewohnt
ist. Mitten in dieser Einöde lag auf einer schmalen, kühn und zerrissen in das Meer sich hinein-
streckenden Landzunge, einsam das Haus eines
Fischers. Dort wohnte Waldemar Brandrup,
mein Retter, mit seiner Frau und seinen vier
Söhnen, mannhaften, kräftigen, unerschrockenen
Burschen, wie er selbst. Mit klopfenden Herzen
hatten sie die Gefahr gesehen, von der das wackere
Schiff bedroht war. Sie hatten gesehen, wie
zwei Böte, welche sich vom Schiffe zu entfernen
suchten, umgeschlagen waren. Sie hatten zweimal
den Versuch gemacht, den Schiffbrüchigen Hilfe zu
bringen und waren jedesmal von den empörten

Wellen zurückgeschlagen worden an den Strand.
Sie hatten endlich das dritte Boot vor ihren
Augen versinken sehen und nochmals sich hinaus-
gewagt auf die See, um zu versuchen, ob nicht
irgend einem menschlichen Wesen noch Rettung zu
bringen sei, in seiner Bedrängniß. Als ob der
Himmel selbst ihr kühnes, heldenmüthiges Benehmen begünstigen wolle, hatte in diesem Augenblicke der Sturm angefangen sich zu besänftigen,
und da nichts ihnen auf den Wellen begegnet
war, als Trümmer und Leichen, so hatten sie
muthig ihre Fahrt bis nach dem Wracke hin fort-
gesetzt und dort mich gefunden und gerettet.

Niemand sonst, außer mir, war mit dem
Leben davongekommen.

Das Alles erfuhr ich freilich erst später, denn
meine Fassung und Besinnung war von mir ge-
wichen, kurz nach dem ich den Christian in den
Wellen hatte versinken sehen. Nässe, Kälte, Er-
schöpfung und die Seelenpein, die ich ausgestan-
den, hatten meine schwachen Kräfte zu Boden
geworfen. Man mußte mich besinnungslos und
für todt in das Haus tragen. Eine fieberhafte
Aufregung, in der die fürchterlichsten Traumbil-

der meinen Geist peinigten, hielt mich acht Tage
lang an das Bett gefesselt, um endlich einem tie=
fen, festem Schlafe zu weichen, der zum Ent=
setzen meiner um mich besorgten Retter mich drei
Tage und Nächte hindurch, in todtenähnlicher
Erstarrung umfangen hielt. Dann erst erwachte
ich wieder mit klaren Sinnen, aber körperlich so
ermattet und erschöpft, daß wiederum einige
Wochen vergingen, ehe ich nur den Versuch machen
konnte, Bett und Zimmer zu verlassen.

Während aller dieser Zeit pflegte mich Frau
Grethe Brandrup mit mütterlicher Sorgfalt und
Zärtlichkeit; und der alte Waldemar freute sich,
als er mich zum Erstenmale im Sonnenscheine
neben der Hausthür sitzen sah, so innig über mein
Besserbefinden, als ob ich seine eigene Tochter ge=
wesen wäre.

Ehe ich indessen noch vollständig gewesen war,
kam plötzlich die schwere Stunde über mich, in
welcher Du, mein theurer Sohn, das Licht der
Welt erblicken solltest; ach! vor Deiner Geburt
schon, eine vaterlose Waise! Wie viele heiße
Thränen des Kummers und der Sorge sind nicht
auf Deine Wangen niedergeflossen, bevor Du

17*

noch das Wort Mutter zu lallen vermochtest! —
Lange Wochen nach Deiner Geburt, war ich wieder so leidend und schwach, daß Deine, wie meine
Erhaltung, nächst Gott, nur der unermüdlich lie-
bevollen Pflege meiner braven Wirthe zuzuschrei-
ben ist. Dann aber fing ich an, mich nach und
nach wieder zu erholen, denn mich stärkte und
kräftigte der Gedanke, daß ich noch Pflichten im
Leben zu erfüllen hatte und ich wollte dieselben
redlich erfüllen. Es waren die Pflichten gegen
Dich, mein Kind, und ich mußte jetzt überlegen,
wo und wie ich die Mittel, Dich und mich zu
erhalten finden würde.

Waldemar Brandrup und seine Frau hatten
mir unberührt das Kästchen wieder zugestellt, das
meine ganze Habe auf Erden enthielt. In demselben befand sich eine geringe Geldsumme, die
ich mit ihnen theilen wollte, um sie einigermaßen
für die Kosten zu entschädigen, die mein langer
Aufenthalt ihnen verursacht haben mußte; denn
für die Rettung meines Lebens und für die hoch-
herzige Güte und Pflege, die sie mir hatten angedeihen lassen, konnte ich ihnen ja nur mit dem
innigsten, wärmsten Danke meines Herzens ver-

gelten. Beide wiesen jede Entschädigung auf das Entschiedenste zurück.

Bei der Durchsicht meiner Sachen, war mir auch die Anweisung in die Hände gekommen, welche Graf Bakunin meinem verstorbenen Gatten vor unserer Abreise zugeschickt hatte. Wir hatten sie nicht gebraucht. Ich sandte sie an den Grafen zurück mit der Anzeige von dem unglücklichen Ende meines Gemahles und bat ihn dringend, mir bei irgend einer ihm bekannten oder befreundeten Familie eine Stelle als Erzieherin der Kinder, oder als Lehrerin der deutschen Sprache verschaffen zu wollen, damit ich die Mittel erhielte, mein eigenes Kind erziehen zu können. Waldemar Brandrup brachte diesen Brief selbst nach Bornholm hinüber, aber ich habe nie eine Antwort des Grafen bekommen.

Es waren fast fünf Monate verflossen seitdem ich hier Schutz gefunden. Der Herbst begann sich zu nähern und ich konnte nicht länger mehr meinen Gastfreunden eine Last aufbürden, die ich durch nichts in der Welt ihnen zu erleichtern vermochte. Immer noch schwankte ich unentschlossen, wohin ich mich wenden, was ich beginnen solle.

Ach, wie bitter empfand ich jetzt das traurige
Loos, ein Weib zu sein; ein armes, hülfloses
Weib, ohne Gatten, ohne Verwandte, aber
Mutter eines vaterlosen, schwachen, hülfsbedürf=
tigen Kindes! O mein Gott, was wäre jetzt mein
Schicksal geworden, wenn ich in dieser Noth auch
noch mit harten, lieblosen Menschen zu kämpfen
gehabt hätte, anstatt durch den Edelmuth, die
freundliche Güte und die wahrhaft elterliche Zärt=
lichkeit meiner Retter gehoben und getragen zu
werden! — Ich wäre verzweifelt.

Doch auch in dieser Bedrängniß sollte die
Hülfe mir nahe sein.

Waldemar Brandrup rüstete seine Schaluppe.
Er hatte eine vollständige Ladung von Stockfischen
für dieselbe und wollte sie nach Stettin verbrin=
gen. Dort wohnte seine einzige Tochter. Sie
hatte einen jungen, aus Pommern gebürtigen
Seemann geheirathet, und war demselben nach
Stettin gefolgt, woselbst er, der See Valet sagend,
in der Nähe des Hafens einen kleinen Handel mit
Branntwein, Lebensmitteln und anderen derartigen
Gegenständen eingerichtet hatte. Der kleine Laden
war unter den Seefahrern bald so beliebt gewor=

den, daß Walter Frauenknecht, so hieß der junge
Händler, sich genöthigt sah seine Räumlichkeiten
zu vergrößern. Jetzt verkehrten bei ihm, fast
ausschließlich die Schiffscapitaine, Kaufleute und
Rheder. Er befand sich in angenehmen Ver=
hältnissen und lebte mit seiner Frau, in einer
eben so zufriedenen, als glücklichen Ehe. Wal=
demar Brandrup machte mir den Vorschlag,
ihn nach Stettin zu begleiten, woselbst er mir
einen freundlichen Empfang, seitens seiner Toch=
ter und seines Schwiegersohnes in Aussicht stellte
und mir die Versicherung gab, daß ich bei den=
selben so lange eine herzliche und sichere Aufnahme
finden solle, bis ich selbst einen passenden Erwerb,
oder eine annehmbare Stellung für mich gefun=
den haben würde.

Ich nahm sein Erbieten mit aufrichtigem
Danke an und schied mit innigem Kummer von
der guten Frau Grete, die mir so lange die lie=
bevollste Mutter gewesen war.

Ein unwillkürlicher Schauder überlief mich,
als ich das kleine Schiff betrat. Ich hatte vor
meinen Augen ein stolzes, prächtiges Fahrzeug
zu Grunde gehen sehen und war selbst nur, wie

durch ein Wunder dem Tode auf demselben ent-
gangen. Woher sollte ich Vertrauen haben zu
dem winzigen Küstenfahrer, dessen ganze Länge
kaum mehr als zwanzig Schritte betragen mochte,
und dessen Verdeck kaum einige Schuhe hoch über
dem Wasser hervorragte? Ich hatte die mächtigen
Masten jenes großen Fahrzeuges gesehen, wie sie
geknickt und zersplittert, gleich schwachen Rohr-
halmen auf den Fluthen trieben. Wie sollte ich
glauben, daß die einzige schwache Stange auf
unserem Schifflein dem tobenden Winde wider-
stehen könne? — Und doch bangte mir nicht um
mich, wohl aber um den Knaben auf meinem Arme.

Mit Furcht und Zagen betrat ich das Verdeck
und mit beruhigenden und tröstenden Worten
sprach mir der alte Mann Muth ein, indem er
mich zur Kajüte geleitete. Wie aber sollte ich
in diese hinabkommen? — Im Hintertheile des
Schiffes befand sich in der Mitte des Verdecks ein
viereckiges Loch, etwa zwei Fuß nach Länge und
Breite messend, mit einem erhöhten Rande, über
welches ein hölzerner Deckel gestülpt werden konnte,
um den Regen oder das Sprühwasser aus dem
inneren Raume abzuhalten. Das war der Ein-

gang zur Kajüte. An der einen Seite dieser
Oeffnung, trat ein Balken der das Deck stützte,
aus dem unten befindlichen Raume herauf, in
dessen Kanten zwei Kerben ausgehauen waren.
Sie sollten dazu dienen, dem Fuße beim Hinauf-
oder Hinabsteigen durch die Luke, einen sichernden
Halt zu geben. Während Waldemar mich unterrichtete, wie ich mich bei dem Hinabsteigen zu verhalten habe, trat Friedrich, der jüngste Sohn
desselben, ein freundlicher, liebenswürdiger Junge
von 16 Jahren, mit einer linkischen Verbeugung
näher und hielt mir, indem eine glühende Röthe
sein hübsches Gesicht übergoß, eine schmale und
kurze, aus zerschnittenen Latten zusammengena-
gelte Leiter entgegen.

Der alte Waldemar schlug sich vor die Stirn
und rief: Wohlgethan Fritze! Warum habe ich
alter Esel aber nicht selbst daran denken können?

Ich bedankte mich freundlich bei dem Knaben
für seine Aufmerksamkeit und gestehe gern; es hat
kaum jemals im Leben eine mir erwiesene Freundlichkeit mich angenehmer berührt, als die schlichte
Zuvorkommenheit dieses Jungen.

Auf dieser Leiter stieg ich hinab und fand

einen viereckigten Raum, der schwerlich mehr als
acht Schuhe nach jeder Seite hin maß und dabei
so niedrig war, daß ich eben nur darin aufrecht
stehen konnte. In der Hinterwand befand sich
ein kleines, nur aus einer einzigen, dicken Scheibe
bestehendes Fenster, das ein mattes, trübes Licht
herein scheinen ließ. Unter diesem Fenster war ein
kurzes schmales Brett der Länge nach angebracht,
das mit Charnieren an die Rückwand befestigt
war und aufgeklappt werden konnte, um als
Tisch zu dienen; und noch tiefer eine Bank, welche
in der gleichen Weise mit der Wand verbunden
war. An der entgegengesetzten Wand war eine
schmale Koje angebracht, als Schlafstätte; und
der leere Raum unter derselben, beherbergte ver=
schiedene Kisten und Geräthschaften. Ein Ver=
schlag an der einen Seitenwand, um den Proviant
zu fassen, ein hölzerner Riegel an der anderen,
um Kleider daran aufzuhängen, das war die
Einrichtung der Kapitainskajüte und diese hatte
mir der Kapitain zum alleinigen Gebrauche groß=
müthig überlassen; während er selbst auf dem
Verdecke, oder abwechselnd mit seinem Sohne
Fritz, denn aus ihnen Beiden bestand die ganze

Schiffsbesatzung, sich in einem ähnlichen Raume, an
dem entgegengesetzten Ende des Fahrzeuges aufhielt.

Kaum aber hatte ich meine Kajüte betreten,
als ich auch schon mich beeilen mußte, dieselbe
zu verlassen und an das Deck zu klettern. Der
üble Geruch der getrockneten Fische, welcher den
ganzen Raum erfüllte, schnürte mir fast die Brust
zu und drohte mich zu ersticken.

Glücklicher Weise waren Wind und Wetter
fortwährend so günstig, daß unsere Fahrt unerwartet schnell von Statten ging und ich den
größten Theil derselben auf dem Verdecke verleben
konnte. Aber wie herzlich froh war ich doch, als
wir endlich bei der Baumbrücke in Stettin vor
Anker gingen und ich das feste Land wieder betreten konnte!

Der alte Waldemar hatte mich nicht getäuscht,
als er mich der freundlichsten Aufnahme bei seiner
Tochter versicherte. Ein kleines, aber freundlich
gelegenes Zimmer wurde mir alsbald in dem
oberen Theile des Hauses, gegen eine geringe
Miethsentschädigung eingeräumt. Schmerzlich
bewegt, sah ich nach vierzehn Tagen den alten
Mann und seinen wackeren Sohn von uns schei-

den. Alljährlich kehrte er wieder und einmal so=
gar begleitete ihn die gute Mutter Grete.

Jetzt ruhen Beide in der kühlen Gruft. Wal=
demar Brandrup, schon ein siebenzigjähriger
Greis, ertrank mit seinen beiden ältesten Söhnen,
als er einem gefährdeten Schiffe zu Hilfe eilen
wollte und die alte Grete überlebte ihn nur um
wenige Tage. Andreas, der dritte Sohn, lebt
noch in dem Fischerhäuschen auf Christiansöe.
Fritz, mein Liebling, hat sich bereits zum ersten
Steuermann auf einem Danziger Barkschiffe
emporgearbeitet und vor wenigen Wochen Abschied
von mir genommen, um auf demselben eine Reise
nach Calcutta anzutreten.

Meine Baarschaft war sehr gering, konnte
aber doch, wenn ich mich recht knapp und genau
einschränkte, auf beinahe ein Jahr ausreichen. Ich
war daher für den Augenblick dem Mangel ent=
hoben und nur der Sorge preisgegeben, wie ich
sobald als möglich einen Erwerbszweig fände, der
mir erlaubte, mein kleines Kapital wo möglich
als einen Nothpfennig für die Zukunft zurück=
legen zu können. Frau Louise Frauenknecht ging
mir dabei mit Rath und That zur Hand. Sie

verschaffte mir bei Freunden und Bekannten Näh-
arbeiten, die ich zu Hause anfertigen konnte; und
obwohl der Verdienst dabei sehr mäßig war, gewährte er mir doch den nothdürftigen Lebens-
unterhalt. Ich wurde auch von denen, für die
ich gearbeitet hatte, weiter empfohlen und hatte
bald so viel Arbeit, daß ich stets vollauf beschäftigt war.

Mir gegenüber wohnte die bejahrte Wittwe
eines Predigers. Sie war eine der ersten Kun-
dinnen gewesen, welche Frau Louise mir verschafft
hatte. Die alte Dame faßte schnell eine solche
Zuneigung zu mir, daß ich sie häufig in den
Dämmerungsstunden besuchen mußte, und daß sie
selbst auch wohl die schmale Treppe zu mir her-
aufgestiegen kam, um ein Stündchen mit mir zu
verplaudern. Ihr Sohn, ein ernster, ruhiger
Mann von fünf bis sechsundvierzig Jahren, war
gleichfalls Prediger und zwar in dem nahegele-
genen Städtchen Alten-Damm. Auch er war seit
einer Reihe von Jahren Wittwer und kinderlos.
Er besuchte häufig seine alte Mutter und lernte
auch mich bei dieser kennen. Wir unterhielten
uns gern mit einander und das freundliche Ver-

hältniß unter uns Dreien hat ungestört manches
Jahr gedauert.

Du, mein lieber Johannes, entwickeltest Dich
unterdessen zu einem lebhaften, munteren Knaben,
den die Frau Predigerin verhätschelte und mit
dem der Herr Prediger sich stets auf die freund-
lichste und angenehmste Weise beschäftigte.

Es war am Morgen Deines sechsten Geburts-
tages. Ich hatte für Dich einen neuen Anzug
gefertigt, mit dem ich Dich eben bekleidete. Auf
einem, mit einer weißen Serviette überdeckten
Tischchen, stand zwischen einigen blühenden Topf-
gewächsen ein kleiner Kuchen, um den herum sechs
Lichtchen brannten; und einige Spielsachen, von
denen ich hoffte, daß sie Dir Freude machen sollten, lagen ausgebreitet neben demselben; als plötzlich an die Thür geklopft wurde und der Herr
Prediger zu uns eintrat.

Er kam, wie er sagte, um Dir zu Deinem
Geburtstage Glück zu wünschen und Dich mit
einigen Kleinigkeiten, die er verhüllt unter dem
dem Arm trug, zu beschenken. Sodann sagte er
Dir, daß die Großmama, wie Du die Frau Predigerin immer nanntest, Dich erwarte; schickte Dich

.fort und trug, zu meiner höchsten Ueberraschung, mir seine Hand an, mich gleichzeitig versichernd, daß er Dir stets ein treuer, redlicher, liebender Vater sein wolle.

Ich liebte ihn nicht, aber ich achtete und ehrte ihn von Grund meiner Seele, wegen der wahrhaft edlen Eigenschaften seines Geistes und Gemüthes. Der Wunsch, Deine Zukunft zu sichern und festzustellen, bestimmte mich, seinen Antrag anzunehmen. Ich hoffe, ihm nie Anlaß gegeben zu haben, seinen damaligen Entschluß zu bereuen. Ich habe den meinigen nie bereut.

Drei Monate später zog ich als seine Gattin mit Dir in das Pfarrhaus zu Alten=Damm ein, wohin uns die Großmutter, die immer schwächer werdend, auch größerer Pflege bedürftig wurde, bald darauf .folgte. Sie verschied zwei Jahre später.

Du hast heute, mein theurer Sohn, Deinen neunzehnten Geburtstag gefeiert. Ich fühle es, ich werde nicht mehr auf Erden sein, um an Deinem nächsten Geburtstage Dich an die Brust zu schließen und Gottes Segen für Dich zu erflehen; aber diesen meinen Brief soll Dein Pflegevater statt meiner auf Deinen Tisch legen, als das letzte Angebinde Deiner Mutter.

Du warst mir stets ein braver, liebender, zärtlicher Sohn und hast mir nie Veranlassung gegeben, Kummer über Dich zu empfinden. Ich danke Dir dafür und bitte Gott, Dich auf allen Deinen Wegen zu behüten, daß Dein Fuß nie strauchle und irre gehe.

Das Geheimniß Deiner Geburt und Abkunft mußte ich Dir jetzt enthüllen. Ich wünsche aber, daß Du Dich desselben immer nur in so weit erinnern mögest, als Deine Abkunft als der letzte Sprößling von Edlen, Dir ein Sporn sein soll, stets edel und groß zu denken und zu handeln, als Bürger. Der edle Mann kann sich jedem Edelmanne als ebenbürtig zur Seite stellen; und er steht höher als dieser, sobald er sich durch den Adel seiner Thaten und Gesinnungen vor demselben auszeichnet. Dieser Adel bedarf weder des Wörtchens „von", noch des Ritterschlages von anderer Hand. Der brave Mann giebt ihn sich selbst durch seine Handlungen. Ein solcher hochadliger Mann zu werden, sei Dein Bestreben immerdar!

Deines unschuldig verfolgten Vaters Adel er=
losch unter dem Schandpfahle; laß ihn dort be=
graben sein. Dein Vater würde durch seinen Hoch=
sinn und sein Talent den dunklen Namen, den er
auf Dich übertragen hat, zu Ehren gebracht ha=
ben, wenn der Tod ihn nicht in der Blüthe seiner
Jahre und in der Fülle jugendlicher Kraft, plötz=
lich der Erde entrückt hätte. Dieser dunkle Name
ist ohne sein Verschulden das einzige Vermächtniß,
das er Dir hinterlassen konnte; aber um so höher
und heiliger ist für Dich die Verpflichtung, sein
Vermächtniß in Ehren zu halten und zu Ehren
zu bringen, wie er es wollte.

Mit Deinem Pflegevater habe ich dreizehn
Jahre hindurch eine friedliche, glückliche Ehe ge=
führt. Du, mein Sohn, bist dessen Zeuge gewe=
sen. Er hat Dich geliebt und auferzogen, als
wenn Du sein eigner Sohn wärest, und mit wah=
rer Vatertreue hat er den Keim des Guten in
Deinem Herzen gepflegt und behütet. Wäre er
nur Dein Vater, Du wärest ihm die zärtlichste
Sohnesliebe schuldig. Er aber ist Dir mehr ge=
wesen als Vater, denn er war auch zugleich Dein
treuer Freund und Beschützer von Kindesbeinen

an, und was Du bist, verdankst Du ihm und
seiner Aufopferung für Dich. Du bist ihm dop=
pelte Zärtlichkeit, doppelte Dankbarkeit schuldig
geworden. Trage ab an ihn, mein Sohn, von
dieser Schuld, so viel Dir möglich, und so lange
der Rathschluß des Allmächtigen es Dir erlaubt.
Auch die Liebe und Dankbarkeit, welche ich dem
edlen Manne schulde, lege ich auf Deine Schul=
tern. Mache ihm, wenn ich nicht mehr bin, das
Alter leicht und froh, so viel Du vermagst; und
Du vermagst viel, sobald Du sein Herz mit
Freude und Stolz auf Dich erfüllen kannst.

Das, mein Kind, ist das Erbe, das Deine
Mutter Dir hinterläßt, und Gott wird Dich seg=
nen, wie Du dieses Erbes Dich werth und wür=
dig erweisest.

Was ich Dir sonst hinterlasse, ist wenig mehr,
als das Bild Deines Vaters und das Medaillon,
in dem das meinige sich befindet. Beide sind von
der Hand Deines Vaters gemalt. Ach, in einer
glücklichen, glücklichen Zeit! — Du wirst sie werth
halten, mein Kind, dafür bürgt mir mein eignes
Herz und — das Deine.

O mein theurer, theurer Knabe, auch über

Dich werden die Stürme des Lebens einst noch
dahinbrausen! Manche Blüthe, manches Ahnen,
manches Sehnen, manches Hoffen Deiner jungen
Brust werden sie brechen und zerstören. — Aber
wenn Deine Seele voll ist des Jammers, der Bit=
terkeit und des Zweifels, dann tritt vor das Bild
Deines Vaters und gedenke seines Geschickes.
Dann erinnere Dich an das Vermächtniß, das er
Dir hinterließ, und handle, wie dieses Dir zu
handeln gebietet. Dann betrachte das Bild Dei=
ner Mutter und frage Dich, wie Du mit ihrem
Erbe gewuchert hast. Kann dann Dein Gewis=
sen Dir die tröstliche Antwort ertheilen: Ich that
nach dem Willen meines Vaters, ich that nach
dem Wunsche meiner Mutter, dann mein Sohn,
laß getrost den Sturm über Dich dahin brausen,
denn Dein Jammer wird sich lösen in tröstliche
Beruhigung und Fröhlichkeit; Deine Bitterkeit in
heitere Ergebung und stille Zufriedenheit; und
Deine Zweifel werden sich wandeln, in kräftigen
Entschluß und sieggewährenden Kampfesmuth.

Lebe wohl, mein guter, lieber, einziger Sohn,
bis wir uns dereinst Alle wiederfinden werden,
vereint am Throne dessen, der die Auferstehung

ist und das Leben. Gott segne Dich, mein Her-
zenskind, und laſſe Dich wandeln in ſeiner Gnade,
bis Du dereinſt wandeln wirſt in Seinem Lichte!

Herr Zachäus hatte aufmerkſam und mit ſtets
wachſendem Intereſſe den Bericht von Annas
Hand zu Ende geleſen. Er legte ſchweigend die
Papiere vor ſich nieder und nahm das Medaillon
mit Annas Bilde zur Hand, in deſſen Züge er ſich
ſinnend vertiefte.

„O Du liebliches, herziges Geſchöpf!" ſprach er
wehmüthig. „Konnte das Schickſal es wirklich
wagen, dieſe roſigen Wangen durch Gram und
Kummer zu bleichen; — dieſe fröhlich lachenden
Augen mit Schmerzensthränen zu füllen; — um
dieſe blühenden, ſcherzenden Lippen alle Pein und
allen Jammer menſchlichen Leidens aufzucken zu
laſſen? — O, warum mußte dieſe ſchönſte Roſe,
vom Sturme der Trübſal ſo wild und grauſam
zerzauſt und entblättert werden? — Bin ich nicht
ein Narr, daß ich alſo frage?" — unterbrach er
ſich faſt haſtig. — „Wäre dies ſchöne Weib, vielleicht je etwas Anderes geworden, als ein ſchönes
Weib, das endlich abgeblüht und verſchrumpft
wäre zu einem alten, wenn das Geſchick ſie nicht

so hart erfaßt und die noch schönere Seele an das
Licht gebracht hätte? —

Im heiteren Sonnenlichte gaukelt der Schmet-
terling; aber wer sieht ihn prunken, wenn die
Nacht kommt! — Weithin durch die stille Luft
treibt glänzend die schimmernde Seifenblase; aber
sie zerplatzt, wenn der Zugwind sie trifft, oder
ein harter Gegenstand sie streift! — Hinter dem
warmen Ofen und um den dampfenden Theetisch,
da blähen sich prunkvoll die schönsten Gefühle,
die erhabensten Sentenzen, die ruhmredigsten
Worte im ästhetischen Drange; und was bleibt
nachher übrig von dem Allen, wenn sie sich be-
thätigen sollen? Nichts! — Die schönen Gefühle
verwandeln sich in Achselzucken, die erhabenste
Sentenz war nur ein ruhmrediges Wort und
das ruhmredige Wort war — Wind, Wind,
Wind! —

Nein, nicht im Sonnenschein, nicht in weicher
Frühlingsluft, nicht hinterm warmen Ofen und
am Theetisch wird der Kern im Menschen erprobt; sondern die Keulenschläge des Unglücks,
die qualvollen Torturen, die Leib und Seele
durchwühlen und durchmartern, quetschen ihn her-

aus, und nur aus der Nacht des Mißgeschickes leuchtet und flammt das Licht der edlen Seele empor. Wer aber sieht's und fragt: Um welchen Preis? —

Der, der mit Tausenden vereint, in wilder Aufregung des Schlachtgetümmels, die Brust dem Feinde entgegenträgt, wird mit Orden und Ehren geschmückt; er ist ein Held, und wenn er bleibt auf der Wahlstatt, so gräbt das dankbare, trauernde Vaterland seinen Namen ein, in die ehernen Tafeln der Geschichte. Wer aber kennt und nennt den Namen des Opfers, das schweigend und von aller Welt verlassen, den Kampf kämpft mit allen Widerwärtigkeiten und Qualen des Lebens und langsam verblutet? Wer achtet auf den stillen Dulder, der ohne Klage leidet und still jeglicher Unbill trotzt und dessen Seele dennoch siegreich hervorgeht aus allen Schrecken? Wer? — Niemand! — Ach und dies Dulden, Kämpfen, Ringen und Verbluten ist namentlich des Weibes Loos; aber wenige gehen hervor aus der Prüfung, geläutert und verklärt wie Du, schönes, beklagenswerthes Weib!

Es macht mir Wehe um das Herz, wenn ich

Dein liebes, frisches, unschuldiges Antlitz betrachte
und mir dann denke, was Du erfahren und gelitten und wie Du es getragen hast. — Wo ist
ein Wort der Klage, wo ein Wort der Verzweiflung! — Wie mußte Dein Herz bluten, als
Du Dich verlassen fandest auf sinkendem Schiffe,
auch von dem, der Dir Treue geschworen bis
zum Tode! Mußtest Du ihn nicht entflohen wäh-
nen in feiger Angst, um sein Leben zu retten,
anstatt des Deinen? Mußte sich nicht der giftige
Stachel der Verachtung gegen ihn in Dein Herz
drücken? Und wo ist ein Wort des Vorwur-
fes, wo ein Wort, das irgend nur andeuten
könnte, daß eine Ahnung solcher Missethat auch
nur von fern in Deinem Herzen aufgestiegen sei!

Weib! Um dieses einzigen Zuges willen, könnte
ich Dich auf meinen Knieen verehren, Dich an-
beten! —

Liebevoll, geduldig, tröstend, aufrichtend und
kräftigend dem schwächeren Gatten gegenüber,
warst Du auch gefaßt, kräftig und besonnen in
den Stunden der Noth und der Gefahr. An-
kämpfend gegen Sorgen und Mittellosigkeit erwarbst
Du Dir muthig in achtbarer Arbeit den eigenen

Unterhalt und darbteſt noch ab für Deinen Sohn.
Wo iſt ein Wort der Entmuthigung oder des
Murrens? Für Deinen Sohn brachteſt Du das
Opfer, zu einer neuen Ehe zu ſchreiten, mit dem
ungeliebten Manne, und welche Gattin mußt
Du dieſem Gatten geweſen ſein, welch' eine Mut-
ter warſt Du Deinem Sohne!" —

Jetzt verſchloß er Bild und Schriften und
ſchritt noch lange vor ſich hinträumend, auf und
ab durch das Zimmer.

„Ha!" ſprach er endlich. „Es iſt am Ende doch
wirklich ein klägliches Ding, um all' das unge-
rupfte Vieh, das krähend und gluckſend auf dieſer ſchönſten aller Welten herumläuft auf ſeinen
zwei Beinen und ſo befliſſen iſt, ſich ſelbſt und
Andern einzureden, es gehöre auch zu den Menſchen. Als ob alle Leute Menſchen wären! Dio-
genes war, nach den Begriffen ſolcher Wichte,
ein halbverrückter baarfüßiger Lump; aber ich ſage,
mit oder ohne Reſpekt vor dieſen Herrſchaften:
Es war mehr Verſtand in ſeinem alleinigen Hirn-
kaſten, als in den Eſelsköpfen aller Athener zu-
ſammengenommen, die ihn auslachten, weil er
am hellen Tage, auf offenem Markte, mit der

Laterne nach einem Menschen zu suchen sich unterstehen konnte. Käme Einem nicht manchmal noch gelegentlich so ein ächtes, probehaltiges Stück Menschennatur über den Weg gelaufen, wie diese Anna, das Einem die Seele wieder höher höbe und erfrischte, und sich Achtung und Anerkennung erzwänge, in aller Stille und Bescheidenheit, so müßte man am Ende doch am Leben verzagen und nolens, volens, gleich den Uebrigen sein Futter aus dem Miste herauskratzen und krähen und glucksen, statt zu sprechen und zu denken. —

Pfui, beim Teufel, über den Galgenhumor, in den ich da wieder hinein gerathen bin! — Aber so geht mir's wahrlich immer, wenn mich etwas packt und ergreift in tiefster Brust, und mir das Herz bewegt in innigster Rührung.

Meine Seele jauchzt und jubelt im Mitgefühle einer schönen That; mein Herz schlägt stürmisch und gewaltsam dem Anerkenntniß derselben entgegen; triumphirend steigt die glühende Thräne der Bewunderung und heißer Begeisterung mir ungerufen in das Auge — aber meine Zunge schämt sich die' Freude meiner Seele herausbrechen, die Wonne meines Herzens übersprudeln, das Hochgefühl meines Busens hervorquellen zu lassen, vor — den Leuten. Meine Zunge verschluckt die Thräne, und anstatt den Gefühlen des Menschen in mir, Worte zu geben, für die große, edle Menschenthat, schimpft sie auf all' das Gesindel, das nicht Mensch ist, aber die Erde füllt und auf das Prädicat Mensch Anspruch zu machen wagt; grade als ob ich selbst um eine halbe, oder gar um eine ganze Nasenlänge etwas Beff'res wäre! — Dummer Hochmuth! sagt vielleicht die Welt dazu. Aber, weiß Gott, weder mein Herz noch mein Kopf wissen etwas von solchem Hoch=muthe, nur allein die Zunge! —

Arme Anna! Während Du darbtest für Dei=nen und seinen Sohn, und Deinen Gatten be=weintest als einen Todten, sammelte er Schätze für Fremde und beweinte Dich, als eine Gestor=bene. Und weil er Niemanden zu finden wußte, auf den er seinen Reichthum vererben konnte, ver=
- erbte er ihn zufällig auf — mich! — Armer Hans!

Kommt einmal hervor, ihr blitzenden, funkeln=den Gesellen! — Eine Kaiserin würde mich euret=wegen beneiden; ein König euch zum Schmucke

seiner Krone begehren. Die schönsten Weiber
würden sich zu meinen Füßen schmiegen um die=
sen Preis, und die Männer sich ehrerbietig bücken
vor mir, dem armen, alten, graubärtigen Za=
chäus, von dem Niemand jetzt Notiz nimmt, den
Niemand seiner Beachtung werth hält, weil —
man euch nicht bei ihm vermuthet. Kommt her=
vor und lächelt mich an; lockt mich mit eurem
Gefunkel; bohrt eure glühenden Strahlen ein in
mein staunendes Auge! — Ihr verlockt mich nicht,
ihr verblendet mich nicht· Ich mag, ich will
euch nicht. Der arme, alte, graubärtige Zachäus
ist reich genug um Millionen zu verschenken,
wenn er es für seine Pflicht hält. Fort mit Euch!"

Herr Zachäus setzte sich und schrieb:

Schnetterengteng! — Schnetterengteng!

Mein lieber Graffen!

Hören Sie denn in drei Teufels Namen nicht
die Stafette hinter der nächsten Ecke blasen? —
Schnetterengteng! Schnetterengteng! — Machen
Sie doch endlich das Fenster auf und sehen Sie,
wie der Postillon in seiner neusten Uniform, mit
den frischen Lederhosen und den blanklackirten
Stulpen, ja sogar mit dem Federbusche am Hute

um die Ecke sprengt und der närrische alte, ehr-
geizige Postgaul sich abquält einen jugendlich
scheinen sollenden Galopp mit seinen steifen, eisen-
behuften Beinen auf dem Steinpflaster abzuklap-
pern. Schnetterengteng, Schnetterengteng! bläst
der Bursche, daß ihm die Backen bersten möchten
und die ganze Nachbarschaft läuft zusammen, um
zu erfahren, was es giebt. Aus allen Fenstern
starren neugierige Nasen über einander und neben
einander, nur die Ihrige fehlt noch; und doch
hält der Kerl schon vor Ihrer eigenen Hausthüre
und will zu Ihnen. Schnetterengteng, Schnetterengteng, ad infinitum!

Während er von seinem Gaule steigt und ihn
dem rothhärigen Galgenschwengel dort in den
zerrissenen Hosen, zum Halten giebt, die Treppe
hinaufsteigt und nach Ihrer Klingel sucht, könnte
ich Ihnen schon erzählen, warum er kommt. Aber
ich will nicht. Wenn ich das hätte so kurz ab-
machen wollen, so hätte ich's ja nach neumodischer
Art, in einer lausigknapp zugeschnittenen telegraphischen Depesche von zwanzig Worten und
weniger, mittheilen können, daß Ihnen das Glück
auf den Kopf gefallen ist. Gut das für Stock-

jobber, Börsenfixer, Makler, beschnittene und unbeschnittene Juden, und derlei Volk was von Börsennotizen und Courszetteln sich mästet; oder für Zeitungsschreiber, Polizei= und Criminalbe= amte, die für die neusten Nachrichten von Dieb= stahl, Raub, Mord und Todtschlag, Brand, de= mokratischen Umtrieben und socialistischen Ver= schwörungen, von Amts wegen in Begeisterung schwärmen; aber nicht für Leute wie wir, die nach altem Schrot und Korne ihr Leid für sich zu tragen wissen, und in ihrer Freude die ganze Welt an's Herz drücken möchten. Wir verachten die telegraphischen Depeschen wegen ihrer einsil= bigen Nüchternheit und die lustige, jubelnde, bla= sende, jagende, altväterische Staffete ist gerade wie geschaffen für uns.

Klingling! — Klingling! Klingelinlinlinge= ling! — Machen Sie doch zum Henker, daß Sie an die Thüre kommen, ehe Ihnen der Bursche den Glockendraht abreißt! — Sehen Sie, wie der Bengel dasteht, mit glühendrothem Gesichte und pechschwarzem Schnurrbarte, eine ganz na= türliche Folge der verschwenderisch hineingebürste= ten Schuhwichse. Sehen Sie, wie er sich be=

mühⱦ, ganz außer Athem zu erſcheinen und die
weißledernen Schenkel einwärts gekrümmt hält,
als ob er den alten Gaul noch immer dazwiſchen
geklemmt hielte und während der nächſten vier
Wochen, an Wolf und Steifheit zu leiden haben
würde. Sehen Sie, wie er Ihnen mit der Rechten meinen Schreibebrief präſentirt, und wie die
hohle Linke, anmuthig gekrümmt, in Erwartung
des Trinkgeldes in der Höhe der Hoſentaſche
ſchwebt! Bringt Ihnen der Schlingel das große
Loos? — Pah! Was er auch bringe, geben Sie
ihm eine ſolche Lumperei, wie das große Loos als
Trinkgeld und ſchmeißen Sie den Kerl die Treppe
hinunter. Selbſt wenn er ein Bein dabei bräche,
oder den Hals und obenein noch unverſchämt genug wäre, Sie wegen Schmerzensgelder und Kur-
koſten gerichtlich zu belangen, ſo zahlen Sie's.
Es bleibt Ihnen auch dazu noch übrig.

Bravo, Graffen, bravo! — Es iſt ein wahres
Vergnügen, zu ſehen, wie der Kerl die Treppe
hinunterfliegt! Gebrochen hat er nichts. Er hum-
pelt bloß; aber ich möchte mich halb todt lachen
darüber, wie er ſo weinerlich das Maul verzieht
und doch freundlich grinſend die Treppe hinauf-

ruft: Danke bestens, lieber Herr, Gott lohn's
Ihnen! Vivat hoch, Herr Graffen soll leben! —
hoch, hoch und abermals hoch! — Und der ganze,
vor der Treppe und vor dem Hause versammelte
Janhagel brüllt und schreit mit: Vivat hoch,
Herr Graffen soll leben! — wenn er auch nicht
weiß, warum.

Es ist ein wahres Glück, daß der Konstabler
schon da ist, sammt dem Revier-Commissarius,
um die Brut fortzujagen; man konnte ja sein
eigenes Wort nicht mehr hören, vor alle dem
Geschrei und Gelärm! —

Also bester Graffen, meinen Brief haben Sie
jetzt, und so will ich Sie denn nur noch darauf
aufmerksam machen, daß Sie das angehängte
Postscriptum ja nicht übersehen wollen, weil das
eigentlich die Hauptsache enthält und ich den
ganzen Brief lediglich nur um des Postscripti willen
geschrieben habe. Seiner außerordentlichen Wichtigkeit wegen, habe ich es auch nicht hinter Ort, Da-
tum, Jahreszahl und Namen hingekritzelt, sondern
ihm mit Uebergehung aller dieser üblichen Formali-
täten und gegen uralthergebrachte Sitte und Ordnung förmlich eine neue Seite angewiesen. V. s. p.

Postscriptum. Ihre Frau Urgroßmutter,
mein lieber Graffen, war ein entzückendes Weib!
Was sage ich, Weib? — Ein Engel war sie,
den ich liebe und verehre! Solche Weiber scheinen
mir übrigens in Ihrer Familie erblich zu sein,
obschon ich nur Ihre Frau Urgroßmutter und
Ihre eigene Gattin die Ehre habe zu kennen.
Meinetwegen können Sie das Ihrer Frau immer
wieder sagen, ich mache mir gar nichts aus ihrem
Zorne und bin schlimmsten Falls erbötig den
Beweis der Wahrheit anzutreten. Ueber Ihren
Herrn Urgroßvater, der in seiner Art ein ganz
braver Mann, nur etwas schwächlichen, träumerischen Charakters gewesen, enthalte ich mich jedes
Urtheils für jetzt. Sie werden ihn bei mir kennen
lernen und durchaus keine Ursache haben, ihm
weder Ihr Mitleid, noch Ihre Achtung, noch
Ihre Dankbarkeit vorzuenthalten. Er hat Ihnen
ein wahrhaft glänzendes Vermögen hinterlassen, welches bei mir deponirt ist und das ich
Sie bitte, so schleunig als möglich in Empfang
zu nehmen. Ginge Ihnen der nächste Eisenbahn-
zug zu langsam, so mögen Sie meinetwegen einen
Extrazug bestellen, eine zweite Locomotive als

Vorspann nehmen und die dritte, als Vorreiter vorangaloppiren lassen. Thun Sie das, Bester! Das wird Aufsehn machen in der Welt und in den Annalen des Eisenbahnverkehrs, denn ich habe noch nicht gehört oder gelesen, daß selbst der verrückteste, spleenigste Engländer dreiloco= motivig gefahren wäre. Das Vermögen dazu ist da! —

Thun Sie nun was und wie Sie wollen, nur kommen Sie augenblicklich. Für jetzt weiß nie= mand auf der Welt als ich, um Ihr wunder= bares Glück. Sie mögen daher mit sich zu Rathe gehen, ob Sie es Ihrer Frau mittheilen wollen, oder nicht. Ich halte für gerathener, das Ge= heimniß zu bewahren, bis wir uns erst gesprochen haben werden.

Sollten Sie es nach dem Voraufgehenden viel= leicht sonderbar finden, daß ich Ihnen keine ge= nauere Nachrichten über die etwaige Höhe der Ihnen zufallenden Erbschaft mittheile, so mögen Sie das immerhin thun, denn ich will aus Höflichkeit und des Anstands halber, Ihrem Herrn Urgroßvater nicht vorgreifen, sondern ihm das Vergnügen überlassen, Ihnen die specifi=

cirte Berechnung eigenhändig zur Einsicht vorzu-
legen.

Wenige Tage später saß Herr Graffen auf dem
Zimmer seines Freundes mit der Durchsicht der
hinterlassenen Papiere seines Urgroßvaters beschäftigt; während in einem anderen die Frauen, re-
spective Jungfrauen, ingleichen Herr Ex-Assessor
Karl Graffen, sich die Köpfe darüber zerbrachen,
warum sie sich denn eigentlich hier bei einander
versammelt fänden.

Wir, der wahrhafte Berichterstatter aller dieser
Vorgänge, finden für unsere Person, gar keinen
Grund, um uns in diese Gesellschaft einzudrängen;
weil wir als ein ehrsamer Hagestolz von gesetz-
ten Jahren, uns in der Gesellschaft von angenehmen Müttern und noch angenehmeren hübschen,
heirathsfähigen Töchtern immer einigermaßen verlegen und unbehaglich fühlen. Nicht eben deshalb, weil wir uns schämten, den angenehmen
Müttern vor zwanzig Jahren und darüber vergeblich den Hof gemacht zu haben; oder gar weil
wir befürchteten, die angenehmeren Töchter dürften
es uns übel vermerken, wenn wir ihnen heute
noch ganz genau das Nämliche zuflüsterten, wo-

mit wir lange vor ihrer Geburt, uns vergeblich
in die Herzen ihrer Mütter einzuschmeicheln such=
ten, o nein! — Ein ehrbarer Junggeselle wie
wir, der sein reichliches Auskommen und neben=
bei ein anständiges Baarvermögen hat, kommt
Gott sei Dank, trotz einer etwas hohen Stirn,
heut zu Tage nicht leicht in den Fall sich lächer=
lich zu machen, weder bei den Müttern, noch bei
den Töchtern, wenn er kein anderes Verbrechen
begeht, als Letzteren altväterische, zarte Aufmerk=
samkeiten zu erweisen. Aber wir sind bequem
geworden und scheuen jetzt die Mühe, angenehm
und liebenswürdig sein zu wollen gegen irgend
eine andere Person, mit Ausnahme unserer eige=
nen. Das ist die ganze Sache; und wir befinden
uns wohl und behaglich dabei. Nur aus diesem
Grunde ziehen wir es auch vor, uns an der Thür
des Gesellschaftszimmers leise vorbeizuschleichen
und die Treppe hinanzusteigen zu dem Heiligthume
des Herrn Zachäus.

Herr Graffen legt soeben das letzte Blatt zur
Seite, und Herr Zachäus, der diesem Momente schon
seit längerer Zeit mit Aufmerksamkeit entgegenge=
sehen zu haben scheint, erhebt sich sofort und beginnt:

19*

„Nun, mein lieber Graffen, ich habe Sie in
Ihren historischen Studien durchaus nicht unter=
brochen, bin Ihnen aber den historischen Schluß
noch schuldig. Hier!" fuhr er fort, indem er aus
einem, mittlerweile geöffneten Fache ein Blatt
Papier nahm und Herrn Graffen überreichte, „hier
ist das Verzeichniß der Steine, dessen Ihr Ur=
großvater erwähnt, nnd hier sind die Steine
selbst. Ich bitte Sie dieselben zu vergleichen, an
sich zu nehmen und demnächst meinen herzlichsten
Glückwunsch, zu diesem freudigen Ereignisse zu
empfangen. Ich danke Gott dafür, endlich ein=
mal meiner Verantwortlichkeit überhoben zu sein,
und von dieser bedenklichen Wache abgelöst zu
werden. — Ich denke einen langen Schlaf zu
thun. Mich dürstet in der That nach Ruhe."

„Zum Dursten haben wir noch Zeit, wenn
wir im Grabe liegen!" entgegnete Herr Graffen.
„Vorher aber möchte ich denn doch noch Eines
oder das Andere mit Ihnen sprechen. Mein
lieber Zachäus, wo steht denn nur eine einzige
Silbe davon, daß der Erblasser sein Vermögen
auf seinen Sohn übertragen will? Nirgends.
Wohl aber jammert er darüber, daß er es Ihrem

Urgroßvater nicht vermachen kann, und setzt schließlich in optima forma den Finder, der Sie und nebenher auch zufällig Ihres Urgroßvaters Urenkel sind, zum alleinigen, unbestrittenen Erben ein. Mein Bester, der Erbe sind Sie und nur Sie, und Sie sollten Sich schämen, mich so unnützer Weise um meine Reisekosten gebracht zu haben."

„Herr, sind Sie denn ganz des Teufels?" sprach Zachäus. „Wenn der alte Herr gewußt hätte, daß ihm ein Sohn blühte, so würde er so wenig an meinen Urgroßvater gedacht haben, als er wirklich an mich gedacht hat. Wäre ich aber zufällig mein Urgroßvater gewesen und richtig von ihm aufgefischt worden, so hätte ich die Erbschaft ohne Gewissensbisse annehmen können und hätte sie auch ohne Bedenken angenommen. Ja und wenn ich Sie, und Ihre Verhältnisse nicht vorher kennen gelernt hätte, so würde ich mich auch selbst schließlich noch haben in das Unglück finden müssen, ein steinreicher Mann zu werden. So aber erkläre ich das Testament null und nichtig, weil ein wohlberechtigter Erbe vorhanden war und der Erblasser dennoch sein ganzes Vermögen Fremden

hat vermachen wollen, ohne seinem Sohne auch
nur das gesetzliche Pflichttheil auszusetzen. Zum
Henker! Soll ich mich etwa noch von Ihnen ver-
klagen lassen, wegen Erbschleicherei und Vermö-
gensberaubung? — Der Bettel gehört nicht mir,
sondern Ihnen! Damit Punktum!"

„Ruhig Blut!" sprach Herr Graffen. „Zachäus,
ich glaube bei Gott, wir sind die ersten beiden
armen Kerle, die sich gegenseitig darum zanken,
wer dem Andern ein paar Millionen in die Tasche
schieben soll, nur damit er selbst eine leere Tasche
behalte! Was wäre Ihnen denn eigentlich aber
so zuwider an dem Schicksale, ein reicher Mann
zu sein?" —

„Jetzt, Alles! — Früher, wenig!" sprach Herr
Zachäus. „Früher, mein lieber Graffen, ja eigentlich wohl mein ganzes Leben lang, hab' ich mir
immer gedacht, es müsse doch angenehm sein, ein
reicher Mann zu sein. Namentlich dachte ich mir
das immer in den dreißig Tagen jedes Monats,
die dem Ersten des folgenden vorangingen, weil
ich dann hoffen durfte, Geld in die Hand zu bekommen; und dann wiederum in den dreißig Tagen, die auf den ersten folgten, weil das ganze

Geld fast gleich wieder am Ersten darauf gegangen war. Auf die Einunddreißigsten, die zur Schande der Kalendermacher, binnen zwölf Monaten siebenmal vorkommen, habe ich stets geflucht, wie ein Landsknecht; und ich behaupte steif und fest Ihnen und männiglich gegenüber, der Februar mit seinen acht und zwanzig Tagen, ist von allen Monaten im Jahre der einzig anständige, trotzdem er sich alle vier Jahre regelmäßig einmal zur Sünde verführen läßt und mit einem neun und zwanzigsten in die Wochen kommt. — Aber an solch ein unverschämtes Vermögen hat meine arme Seele niemals von Ferne gedacht. Ein paar Tausend Thaler und wenn's hoch kam, ein, zehn oder zwanzig Tausend, höher habe ich mich selbst in meinen kühnsten Gedanken nicht verstiegen. — Apropos Haben Sie wohl jemals einen Karpfen betrachtet, wenn ein Semmelbrocken in den Teich geworfen wurde, den er verzehren möchte? Ich sage Ihnen, das ist ein possirliches Ding, schon um der Selbstbespiegelung willen! Erst stößt er ganz freundschaftlich ein paar Male daran, dann taucht er unter. Schnapp! Da fliegt der Brocken hoch in die

Höhe. Er umschwimmt ihn und wackelt dazu
ganz ergötzlich mit dem Schwänzchen. Schnapp!
Das Ding fliegt drei Fuß weiter. Er dreht ihm
den Rücken und schwimmt anscheinend ganz ver-
ächtlich eine Strecke fort, kehrt aber flink und un-
verdrossen wieder um. Schnapp! Schnapp!
Schnapp! — Der Brocken macht die allerpossir-
lichsten Sätze. Aber dem ehrlichen Karpfen bleibt
stets das Nachsehen. Sehen Sie, Graffen, solch
ein Brocken, in Gestalt einer Gehaltszulage,
schwimmt mir schon seit vier, fünf Jahren vor
der Nase, und ich schnappe danach mit Anmuth
und Grazie, mit Kraft und Energie, mit Ruhe
und Geduld, mit Ungestüm und Zorn. Schnapp!
Schnapp! Schnapp! — ich erschnappte ihn doch
noch nicht. Aber immer lacht er mir wieder zu,
und ich denke immer wieder: schnappe noch einmal, Zachäus, am Ende erschnappst Du ihn doch,
und bist dann über alle Berge. Möglich schon,
daß dem in der Folge nicht so wäre; aber die
Probe hätte ich doch gern schon längst gemacht.
Derlei Brocken haben mir denn auch wohl hin
und wieder Anlaß gegeben, zu denken: Ja, wenn
Du selber etwas beizubrocken hättest, so brauchtest

Du den Brocken gerade nicht so karpfenmäßig zu umschwänzeln, denn von Oben herunter betrachtet, wirst Du Dich sicherlich nicht weniger possirlich ausnehmen, bei Deinem Schnappen, als irgend ein Teichkarpfen in der ganzen Christenheit! — Vielleicht ist meine hohe Oberbehörde auch dieser Ansicht oder gedenkt vielleicht gar noch, mir mit dem Zappelnlassen eine wirkliche Wohlthat zu erweisen, indem sie annimmt, daß ein mäßiges Hungern zur Instandhaltung meiner geistigen und körperlichen Constitution gerade die geeignetste Diät sei. Wer kann's wissen? In dem Falle könnte man mich sogar noch obenein für einen undankbaren Menschen halten, oder für einen dummen, der die Fürsorge für ihn entweder verkennt, oder nicht verstehen will; aber ich hasse die Undankbarkeit, als eine zu gemeine Sünde, obschon ich die Dummheit als eine höchst schätzbare Gottesgabe betrachte, so lange man sie nicht mißbraucht. Ist das aber ein Mißbrauch, wenn ich wünsche, man versuchte es zur Abwechselung einmal mit dem Gegentheile des Zappelnlassens, wäre es auch nur, um mir die Aussicht auf meine alten Tage, in Betreff der

Pension zu verbessern? — Es wäre mir doch ein Trost! —

Nun hören Sie aber weiter! Am Ende aller Enden habe ich doch immer so viel, daß ich bei einem mäßigen Hungern auskommen kann, zumal ich von Altersher schon daran gewöhnt bin. Meinen Dienst verstehe ich zur Noth, und was es darin Neues zu lernen giebt, strengt mich nicht übermäßig an. Sie sehen, ich bin im Ganzen zufrieden.

Nun denken Sie sich aber einmal, wenn ich jetzt plötzlich und auf einmal als Millionär fungiren sollte, ein Geschäft, von dem ich nicht einmal das Abc verstehe. Da müßte ich mich ja erst gründlich hinein studiren. Da sollte ich denn wohl in allen Zeitungen die Courszettel lesen, die ich bis jetzt immer überschlagen habe, weil ich nichts davon begriff. — Da müßte ich mich am Ende noch mit der doppelten italienischen Buchhaltung befassen, von der ich auch nichts weiter kenne, als den Namen, um nur stets zu wissen, wo meine Capitalien stehen und wo die Zinsen. — Da müßte ich mich um Eisenbahnactien, Staatsschuldscheine und Anleihen der ganzen Welt bekümmern, während ich bis jetzt immer guten Muthes war, wenn ich nur mit meinen eigenen kleinen Anleihen zurecht kam, — da würde ich auf eine Masse von Dingen stoßen, die mir bisher reine böhmische Dörfer waren — da müßte ich mich am Ende gar noch zu einer vollständig sitzenden Lebensart bequemen, blos um Tag für Tag, vom Morgen bis zum Abend Coupons abzuschneiden, was auch ein Geschäft ist, worin ich noch keinen Versuch gemacht habe. — Hol' mich der Geier, wenn ich das thue! denn ich kann doch einmal, wegen sehr unbequemer und unangenehmer Staatsdienerleiden, das anhaltende Sitzen durchaus nicht vertragen. Nein, nein, Grafen, einmal aus purer Faulheit und Furcht vor neuen Studien und sodann aus gerechter Sorge für meine Gesundheit, für die ich mir selbst und meiner Familie verpflichtet bin, qualificire ich mich jetzt durchaus nicht mehr zum Millionär. Ich will in Frieden und Ruhe weiter schnappen. Also sputen Sie sich, daß Sie mir die Geschichte endlich einmal vom Halse nehmen und begreifen Sie einmal, daß Sie sich im vollkommensten Unrechte befinden. Das Vermögen gehörte Ihrem Urgroßvater, folglich auch Ihrem Großvater, folglich Ihrem Vater, folglich gehört es Ihnen und folglich dereinst Ihrem Sohne. Punctum!"

Herr Graffen sprach fast weich und gerührt:

"Zachäus, Sie sind zwar ein pudelnärrischer Kauz, aber eine gute, treue Seele vom Kopfe, bis zur Fußspitze. Ich aber bin wahrhaftig ein eben so großer Narr, wie Sie, daß ich mich mit Ihnen noch über das Mein und Dein herumstreite. Ich würde vielleicht, hören Sie, Zachäus, ich sage nur vielleicht, nicht ein Wort mehr, eben so gedacht und eben so gehandelt haben, wie Sie, wenn ich an Ihrer Stelle mich befunden hätte. Um dieses Vielleichtswillen lassen Sie mich jetzt ruhig meine Meinung sagen.

Es ist mir im Leben fast gegangen wie Ihnen. Ich hatte und habe noch bei mäßigem Hungern mein Auskommen. Ich lebe so gesund und angenehm dabei, daß ich mir keine Veränderung meiner Lage wünsche. Ich bedarf also für meine Person dieses Erbes nicht.

Ihnen zur Liebe will ich annehmen, ich hätte wirklich durch meine Geburt die gleichen Ansprüche auf dieses Erbe, wie Sie sie haben durch die Bestimmung des Testators; könnte also mit Ihnen auch in die gleichen Rechte"— —

Herr Zachäus machte hier eine Bewegung, als wenn er dem Redner unterbrechen wollte. Herr Graffen fuhr fort:

„Stille, stille, liebster Zachäus, lassen Sie mich ausreden, bis an das Ende. — Ich nehme also an, Sie entsagten Ihrem Rechte, und ich behauptete das meine, wäre aber zufällig auch derselben Ansicht, das Erbe nicht persönlich antreten zu wollen.' Wer aber kann mich wohl verhindern, dasselbe weiter zu vererben und zum Besten unserer Kinder darüber zu verfügen? — Ich schlage Ihnen also vor, wir theilen das Vermögen in vier gleiche Theile. — Still, Zachäus, still! — Mein Sohn wird dabei nicht zu kurz kommen. Er heirathet ja die Elsbeth und so vereinigt er die eine Hälfte, während die andere zwischen Bertha und Ferdinand getheilt wird. Und jetzt mein lieber Zachäus, steigen Sie einmal hinab in die Tiefe Ihres Herzens und Ihres Gewissens, und fragen Sie sich, ob Sie aus Zartheit oder Hochmuth, aus übertriebener Schwärmerei oder aus Eigensinn, hiernach noch das Interesse und die Wohlfahrt Ihrer Kinder zu benachtheiligen ein Recht haben. Prüfen Sie nun mit ernster männlicher Forschung, ob Sie einen besseren und gerechteren Vorschlag hätten machen können, wenn Sie der, von der Erbschaft ausgeschlossenen Urenkel und ich, der Finder jenes Nachlasses gewesen wären; und dann geben Sie mir offene, ehrliche Antwort."

Herr Zachäus senkte eine Weile sinnend das Haupt; dann aber die Augen emporschlagend, schaute er mit freundlichem Lächeln zu dem Freunde empor und sprach tief gerührt, indem er die Hand demselben entgegenstreckte:

„Nein Graffen! Ihre Entscheidung ist gerecht und billig. Ich hätte an Ihrer Stelle keine andere und bessere treffen können. Ich füge mich derselben."

Kurze Zeit darauf schrieb Herr Zachäus an seinen Freund Schloßherr:

„Liebster Freund! Ich bin vollkommen überzeugt, daß Ihr gewiß schon schreckliche Gerüchte vernommen habt in Betreff eines schrecklichen Frevels, den ich auf dem Vitibuck begangen. Denn seit das Geheimniß unter die Weiber ge-

kommen, giebt's keinen Spatz im Lande mehr,
der nicht vom Dache hinter mir herschriee: Dieb,
Dieb! — Leider Gottes aber bin ich ein so ver=
stockter Sünder, daß ich meine Missethat weder
leugne, noch bereue. Ja im Gegentheile, ich be=
finde mich recht wohl dabei, sammt allen den
Meinen. Eins nur ist mir bedenklich. Wir Alle,
Graffens eingeschlossen, hätten Euch und den Bi=
tibuck, oder den Vitibuck und Euch gerne einmal
besucht; aber ich getraue mich ohne freies Geleit
gar nicht mehr in Eure Stadt, weil ich höre,
daß man dort förmlich gegen mich wüthe. Kann
ich denn dafür, daß man daselbst den Vitibuck
seit Ewigkeit her, vor der Nase hatte, ohne es
der Mühe werth zu halten sich um seine kleinen
Geheimnisse zu bekümmern? Schreibt mir also
aufrichtig. Wenn's nicht grade lebensgefährlich
ist, möchte ich schon kommen. Entgegengesetzten
Falls muß ich Euch Alles, wie es vor sich ge=
gangen, haarklein schriftlich berichten und vertröste
Euch dann auf einen langen Brief, den ich näch=
stens an meinen Freund Philippus abzufassen ge=
denke, um ihm Rechnung davon abzulegen, wie
ich im vergangenen Jahre, das durch ihn erlangte

Buchhändlerhonorar verwendet habe. Es wird
wirklich Zeit dazu. Ihr wißt ich bin kein enra-
girter Briefschreiber, und so gedenke ich zwei Fliegen mit einer Klappe zu schlagen, wenn ich Euch
das Schriftstück zusende, ehe es der Philippus erhält. Gott befohlen, sammt Eurem ganzen
Hause!" —

Wir, Schreiber dieses, der wir uns oben die
Ehre gegeben haben, uns persönlich einzuführen,
damit männiglich wisse, an wen er sich in Betreff der voraufgeführten Thatsachen zu halten,
ingleichen an wen er sich um Auskunft oder Belehrung wegen etwaiger Zweifel und Bedenklichkeiten zu wenden habe, müssen hier um der Wahrheit willen erklären, daß Herr Zachäus den Brief
an seinen Freund Philippus niemals angefangen
hat. Er war nämlich eben dabei, sich eine Feder
zu schneiden, und zu Häupten eines vor ihm liegenden Bogens die Worte zu setzen: Lieber Philippus! — als selbiger höchst überraschend nebst
seiner Frau zum Besuche auf einige Tage bei ihm
eintraf. In Folge dessen wurde aus der schrift-
lichen Berichterstattung eine mündliche und Herr
Zachäus mußte, zumal auch eine beruhigende

Antwort von Herrn Schloßherr eingegangen war, sich entschließen mit Graffens und allen den Seinen eine Reise nach dem Vitibuck anzutreten, für den sie sammt und sonders ein großes, leicht erklärbares Interesse empfanden.

Hierbei ergab sich auch die Gelegenheit der Burgfrau so wie Herrn Schloßherrn und überhaupt Allen, die sich für die Angelegenheit interessirten, den befriedigendsten Aufschluß zu ertheilen.

Diese Erklärung deponiren wir ausdrücklich hier, damit nicht etwa jemand auf den Gedanken komme, den Herrn Zächäus, den wir sehr hoch schätzen, für einen wortbrüchigen Mann um deswillen zu verschreien, weil weder Herr Philippus noch Herr Schloßherr den versprochenen Bericht erhalten haben. Nach dieser pflichtgemäßen und wahrheitgetreuen Ehrenrettung fahren wir in unserer Erzählung fort, wie folgt:

Es sind zwei Jahre verflossen. Dem Erlenbade gegenüber, hat sich auf einem Hügel ein prächtiges, mit weitläuftigen Gärten und Nebengebäuden umfaßtes Haus, in italienischem Villenstyle erhoben. Eine kleine fröhliche Gesellschaft sitzt um Sonnenuntergang unter der Veranda

traulich beisammen. Wir kennen sie Alle, die
dort Versammelten, mit Ausnahme jenes hübschen
jungen Mannes an Berthas Seite, der ihr so
eben die Hand küßt; die hübsche, kleine Hand,
an der sich der funkelnde, goldene Verlobungs=
ring so allerliebst ausnimmt. Dieser junge Mann
ist Berthas Bräutigam. Karl Graffen und Els=
beth, die sich in der Nähe befinden, sind die
glücklichen Bewohner und Besitzer dieses reizenden
Hauses.

Sie haben heute ihren Erstgeborenen taufen
lassen. Er heißt Vitus, Zachäus, Hans und ist
im Nebenzimmer eifrig beflissen, sich durch einen
tüchtigen Schlummer von den Beschwerden seines
heutigen, ersten öffentlichen Auftretens zu erholen
und für die nachfolgenden Mühseligkeiten des Lebens
zu stärken und zu kräftigen.

Wie wir sogleich bemerken, hat Ferdinands
guter Appetit sich noch immer zur Zufriedenheit er=
halten. Einige mit bewundernswürdiger Schnellig=
keit verschwindende Tortenschnitten lassen keinen
Zweifel daran aufkommen; aber sein Heißhunger
in den Wissenschaften hält mit seinem übrigen
Appetite gleichen Schritt.

Frau Graffen und Frau Grothe ergehen sich in wahrhaft großmütterlicher Wonneseligkeit, über die außerordentliche Schönheit und hohe geistige Begabung des kleinen Hans, für den es ein wahres Glück ist, daß er schläft. Die Lobes=erhebungen und Lobsprüche, mit welchen sie ihn in maßloser Freigebigkeit überschütten, wären ge=nügend, selbst so einen kleinen sechswochenalten Knirps, schon vor der Zeit eitel und hochmüthig zu machen. Nach ihren Behauptungen ist er ein wahres Wunderkind; was indessen auch wirklich der Fall zu sein scheint, und namentlich durch den Umstand an Bedeutsamkeit gewinnt, daß Frau Graffen mit Hartnäckigkeit darauf besteht: der Bursch sei der Elsbeth ganz wie aus den Augen geschnitten, während Frau Grothe eben so bestimmt erklärt: er wäre das reine Ebenbild seines Vaters.

Frau Elsbeth hört Beiden mit bewußtem Stolze zu und läßt sich im Hochgefühle ihrer müt=terlichen Würde, dazwischen, mit bescheidenem Nachdrucke über die bisherige und die noch fol=gende Erziehung i h r e s Sohnes vernehmen.

Herr Zachäus, welcher mit Herrn Graffen, bei einer Flasche Affenthaler, zur Seite sitzt, horcht

mitunter staunend nach Elsbeths bedeutsamen
Educationsprincipien hinüber und fragt endlich
lächelnd:

„Von wannen stammt Dir diese räthselhafte
Weisheit, mein liebes Kind?"

Frau Elsbeth erhebt sich, anmuthig wie immer, und spricht, indem sie ihren Gatten bei der
Hand faßt und ihn dem kleinen Kreise vorstellt,
mit Nachdruck:

„Obschon dieser Herr Karl Graffen, sonst
Ex-Assessor und Schulmeister, jetzt mein sehr be-
glücktes, eheliches Gemahl, mich weder zur Frau Schul-
meisterin, noch zur Frau Kreis- Kammer- Ober-
hof- Hof- oder Stadt- und Land-Gerichtsräthin, sondern nur zur simplen Frau Graffen gemacht hat, so
ist er dennoch gestern einstimmig von dem ganzen
versammelten stimmfähigen Volke zum Ortsschulrath
gewählt worden, und ich habe heute die Ehre, ihn
allerseits als solchen, und mich als die Frau
Ortsschulräthin vorzustellen. Mein Ehrgeiz
ist befriedigt. Das Räthsel meiner Weisheit
dürfte demnach unwidersprechlich durch meinen
Stand gelöst sein, denn wem der liebe Gott ein
Amt giebt, dem verleiht er auch den Verstand

dazu." Sie macht einen zierlichen Knix und setzt sich.

Herr Graffen klingt an sein Glas und ruft fröhlich: „Hochgeehrte Versammlung! Wir haben zwar heute schon in unseren Toasten leben lassen, was nur irgend leben und gedeihen will. Aber Dich, mein liebes Töchterchen, in dieser Deiner neuen Würde leben zu lassen, kann nicht vom Uebel sein. Hoch lebe die Frau Ortsschulräthin, hoch lebe der Herr Ortsschulrath, hoch lebe der gefeierte Sprößling dieser hohen Würdenträger. Möge Euer Rath an jedem Orte, in Schule und Haus bei ihm anschlagen zur Freude und Ehre für Euch und für uns Alle. Hoch" — —

„Halt! Halt!" rief Herr Zachäus, „ich möchte noch Eines hinzufügen:

Und möge Vitus Hans glücklicher sein, als sein Urahn und Namensvetter Hans Vitus, der Klausner vom Vitibuck, obschon wir Alle ihm unser Glück verdanken! Hoch, hoch und abermal hoch!"

In demselben Verlage erschien:

Ernesti, Louise, Waldemar Bookhouse. 2 Bde. 2 Thlr. — Bilder und Skizzen. 2 Bde. 2 Thlr. — Die Tochter des Spielers. 3 Bde. 3 Thlr. — Unverhofft kommt oft. 1 Thlr.

Genast, Wilhelm, Das hohe Haus. 4 Bde. 4 Thlr.

Grabowski, Stanislaus Graf, Ein leidenschaftliches Herz. 2 Bde. 2 Thlr.

Gundling, Julius, Henriette Sontag. Künstlerlebens Anfänge. 2 Bde. 2 Thlr. — Satan Gold. 1 Thlr. — Advokat Schnobeles. 2 Bde. 1½ Thlr. — Fes und Tschako. Soldatengeschichten. 1 Thlr. — Ein moderner Don Juan. 2 Bde. 2½ Thlr.

Helene, M., Bilder aus dem Leben. 1⅓ Thlr.

Herbert, Lucian, Louis Napoleon. 2. Volksauflage. Roman und Geschichte in 5 Bdn. 4⅔ Thlr. — Napoleon III. 8 Bde. à 1⅓ Thlr. — Carlo Alberto und Louis Napoleon. 4 Bde. à 1⅓ Thlr. — 1830. Juli=Revolution. Roman und Geschichte. 2 Bde. 2 Thlr. — 1831. Polens letzte Tage. Roman und Geschichte. 2 Bde. 2 Thlr. — Aus Frankreich. Federzeichnungen. 1⅔ Thlr.

Meißner, Alfred, Neuer Adel. 3 Bde. 3½ Thlr. — Zur Ehre Gottes. Eine Jesuitengeschichte. 1⅕ Thlr. — Die Sansara T. A. 4 Bde. 2½ Thlr., elegante Octav=Ausgabe. 4 Bde. 3⅔ Thlr. — Zwischen Fürst und Volk. Die Geschichte des Pfarrers von Grafenried. 3 Bde. 3 Thlr. — Durch Sardinien. 15 Ngr. — Am Stein. 15 Ngr.

Pichler Louise, Die Kaiserbraut. 2 Bde. Preis 2 Thlr. —— —— Unter dem Lindenbaum. 1⅓ Thlr. —— —— Werke. 1—20 Bändchen. à 12 Ngr.

Stein, Paul, Johannes Gutenberg. 3 Bde. 3 Thlr. — Novellistische Gemälde aus Stadt und Land. 2 Bde. 2 Thlr. — Handwerk und Industrie. 2 Bde. 2 Thlr. — Drei Christabende. 1 Thlr. — Der letzte Churfürst von Mainz. 3 Bde. 2 Thlr. — Das Haus der Hofräthin. 2 Bde. 1⅔ Thlr. — Aus dem schwäbischen Volksleben. 1 Thlr. — Die Braut im Kloster. 3 Bde. 2⅔ Thlr. — Albrecht von Brandenburg. 3 Bde. 4 Thlr.

Stifft, A., Von Nord und Süd. 1⅓ Thlr.

Wartenburg, Karl, Neue Propheten. 2 Bde. 2 Thlr. — Die Väter der Stadt. 3 Bde. 2 Thlr. — An trüben Tagen. 2 Bde. 2½ Thlr. — Französisches Leben. 1⅔ Thlr.

Wickede, Jul. von, Preußische Husarengeschichten. 4 Bde. 2 Thlr. — Die Soldaten Friedrich des Großen. 3 Bde. 2 Thlr.

Obige Romane sind den hervorragendsten Erscheinungen der Neuzeit zur Seite zu stellen und allen Freunden gediegener Lectüre zu empfehlen.

Druck von C. E. Elbert in Leipzig.